OSCAR WILDE

SALOMÉ

& UNA MUJER SIN IMPORTANCIA

•FONTANA•

OSCAR WILDE

SALOMÉ

& UNA MUJER SIN IMPORTANCIA

TRADUCCIÓN:

YENIS OCHOA

ESTEBAN AZZARA

PRÓLOGO Y PRESENTACIÓN:

FRANCESC LLUIS CARDONA,

Doctor en Historia y Catedrático

SALOMÉ & UNA MUJER SIN IMPORTANCIA,
Oscar Wilde

Prólogo / Presentación: Francesc Lluis Cardona
Traducción *Salomé*: Yenis Ochoa
Traducción *Una mujer sin importancia*: Esteban Azzara
Ilustraciones *Salomé*: Aubrey Beardsley (1893)
Diseño gráfico / Ilustración portada: Daniel Jurado
Ilustración en portada basada en una ilustración original de Aubrey Beardsley, 1893.

Edita: Olmak Trade S.L.
C/ Roca Plana 1
08110 - Montcada i Reixac
Barcelona (España)

www.olmaktrade.com
info@olmaktrade.com

Impreso en España / Printed in Spain

I.S.B.N: 978-84-10109-87-2
Depósito Legal: B 10094-2024

ESTUDIO PRELIMINAR

Oscar Wilde:

EL HOMBRE, SU MUNDO Y SU OBRA

Oscar Wilde nació en Dublín el día 16 de octubre de 1854. Su madre, Jane Elgee, era poetisa y traductora de Dumas y Lamartine, y el padre, aristócrata, Sir William Wilde, poseía también aficiones literarias y era además un eficiente ocultista. Ingresó en la Portora School de Enniskillen, villa del norte de Irlanda, y realizó un primer viaje con su madre a Francia, en donde compuso una de sus primeras poesías con ocasión del fallecimiento de una hermana más pequeña.

De 1871 a 1874 se graduó en el Trinity College de Dublín y fue premiado con la medalla de oro Berkeley por un ensayo sobre los poetas griegos. En 1875 consiguió una beca para el Magdalen College de Oxford. Realizó un viaje a Ravenna y Grecia (1877), costeado en parte con la herencia paterna. En Oxford asimiló las ideas de Ruskin, Pater y Arnold y, convertido en un elegante divulgador de las mismas, consiguió la máxima nota en Clásicas y ganó el premio Newdigate de poesía con su poema "Ravenna". Finalmente obtuvo el título de Bachelor of Arts y abandonó Oxford, frustrado en su pretensión de ser elegido miembro de su *college*.

Ya en Londres se hizo famoso pronto por sus extravagancias de "dandismo",[1] vestido con calzón corto, claveles verdes en el ojal y declarado *fan* de los girasoles y las azucenas. Así entró en el mundo de la popularidad a través de las caricaturas de *Punch* en plan de jocosa parodia. Parodias que en aquella época era corrientes y que en el caso de Wilde se concretaron en la opereta de Gilbert y Sullivan *Patience*, a raíz de la cual, y cuando ya había publicado su primer libro, *Poems*, se le ofreció una gira por los Estados Unidos para dar una serie de conferencias. Gira que realizó entre 1881 y 1882 y que constituyó un clamoroso éxito, salvo el contratiempo de no haber podido convencer a los empresarios yankis de estrenar la obra teatral *Vera or the Nihilists*, poco aconsejable cuando era reciente el magnicidio del zar Alejandro II de Rusia (1881), atribuido a este grupo revolucionario con conexiones anarquistas.

De vuelta a Londres, en donde disputa el primer puesto de popularidad a su compatriota Parnell, en 1883 se instala unos meses en París; allí su asimilación decadentista de gestos, poses y actitudes estereotipadas alcanzó grados insospechados. Sus dramas *Vera* y *La duquesa de Padua* poseen ecos de V. Sardou y el gran Victor Hugo. El estreno del primero en Nueva York terminó en un ruidoso fracaso.

---

1. Moda estética que al principio afectó a la indumentaria. Los "dandis" o "dandys" fueron un grupo de jóvenes pertenecientes a la más alta sociedad británica del siglo XIX, que formaban una especie de agrupación tácita, que se atribuían el derecho de dar el tono y dictar la moda en todas las cuestiones, pero sobre todo en el vestir. El pionero fue Brumell, pero dandy sobresaliente fue también Lord Byron.

Nuevamente en Inglaterra repitió sus conferencias americanas, pero sin demasiado éxito. En 1884 casó con Constance Mary Lloyd y fijó su residencia en el número 16 de Tite Street, con un lujo y exotismo tan singular que llegó a ser modelo arquitectónico de interiores de la época. Sucesivamente, en 1885 y 1886 le nacieron sus hijos Cyril y Vivian. Fue entonces cuando se iniciaron los primeros rumores sobre sus tendencias homosexuales.

En 1887 llegó a ser director de una prestigiosa publicación femenina: *The Women's World.* Es la época dorada de su vida familiar y de su producción literaria: *El príncipe feliz y otros cuentos* (1888),[2] *La decadencia de la mentira* (1889), *El retrato de Mr. W. H* (1889)[3] y ya en 1890 *El retrato de Dorian Gray,* que hoy presentamos al lector, su única novela. La culminación de su triunfo literario fue en 1891, cuando *El retrato* se editó en volumen, salió a la luz su libro de ensayos *Intenciones,* así como libros de relatos y cuentos: *El crimen de Artur Savile y otros relatos* y *Una casa de granadas.* En París fue recibido con todos los honores, allí compuso en francés el drama de *Salomé* para la gran Sarah Bernhardt, drama que no pudo ser representado en Inglaterra a causa del veto del lord chambelán. Desgraciadamente aquel 1891 sería también fatal para su futuro, al trabar amistad con Lord Alfred Douglas, hijo del marqués de Queensberry.

Entre 1889 y 1895 tendría lugar la segunda fecunda etapa de la producción literaria de O. Wilde.

---

2. Cuando ya dos años antes había aparecido su delicioso Fantasma de Canterville, de rancio sabor gótico-romántico.

3. Sobre el inspirador de los sonetos de W. H. = William Shakespeare. Obra polémica por tratar al gran escritor-actor de homosexual.

En 1892 gran éxito con el estreno de *El abanico de lady Windermere* que se repitió con *Una mujer sin importancia* (1893). La edición inglesa de *Salomé* corrió a cargo precisamente de Lord Alfred Douglas, con quien terminó trabando una íntima relación. Publicación del poema "La esfinge" (1894); al final de ese año se escapó con su amado Alfred (Bosie) a Argelia, abandonando el hogar familiar.

En año 1895 verá simultáneamente sus triunfos de *Un marido ideal* y *La importancia de llamarse Ernesto*,[4] así como su caída social. El marqués de Queensberry le tachó de sodomita y entonces su hijo, que quería desembarazarse de su odiado padre, espoleó a Wilde a abrir proceso contra él, proceso que se vuelve en contra del escritor, condenado a dos años de trabajos forzados por haber cometido actos homosexuales. A partir de aquí todo el mundo le volvió la espalda y su mujer y sus hijos tuvieron que refugiarse en el extranjero y cambiar su apellido Wilde por el de Holland. Es en la cárcel donde recibió la noticia de la muerte de su madre —que le afectó en gran manera—, así como del estreno de *Salomé* en París (1896).

Salió de la prisión de Reading en 1897, arruinado por completo económicamente, y en cuanto a su fama (al negarse el juez a concederle la libertad provisional, los acreedores habían subastado sus bienes y el editor Lane retiró sus libros en circulación). Wilde se propone entonces empezar una nueva vida en Francia

4. Wilde juega aquí con el nombre de Ernesto = Ernest y el concepto de ser aplicado o de ser el primero: Earnest. Esta obra ha sido traducida también como *La importancia de ser Severo*, intentando un juego de palabras no muy feliz.

bajo el nombre de Sebastian Melmoth. Como obra de relieve sólo puede terminar su *Balada de la cárcel de Reading*, que había esbozado entre rejas. Un viaje relámpago le llevó a Nápoles y poco después tuvo un encuentro de ruptura con Alfred.

A consecuencia de los disgustos, su mujer falleció en 1898, mientras Oscar llevaba una vida miserable en París. Un proceso meningítico complicado con una otitis aguda le llevó al sepulcro el 30 de noviembre de 1900, en el Hotel d'Alsace de la capital francesa. Enterrado el 3 de diciembre en el cementerio de Bagneaux, en 1909 sus restos fueron trasladados al célebre cementerio de artistas Père Lachaise. Su obra póstuma, *Epistola in Carcere et Vinculis* había salido a la luz en 1905, con el título *De Profundis*. En ella expresaba toda la fiebre de su doctrina hedonista:

> "No deploro ni un solo instante de los que he dedicado al placer. Lo hice plenamente, como debemos hacer todo lo que hacemos. No hubo placer que yo no experimentase; eché la perla de mi alma en una copa de vino; descendí por el sendero florido de margaritas al son de las flautas; viví de panales de miel. Continuar la misma vida hubiera sido un error, pero abandonarla habría sido una limitación. Debía de ir adelante; la otra mitad del jardín tenía también mis secretos para mí."

Pero a la vez es una auténtica confesión de arrepentimiento. El dolor y el descubrimiento de Cristo se presentan como los extremos de una concepción que gira en torno a la belleza asumida como único valor absoluto.

Estudio especial de la obra teatral de Oscar Wilde

Con su producción teatral, aunque escasa, Wilde alcanzaría su mayor fama popular como escritor.[5] El drama *Salomé*, escrito en francés, lo terminaría en 1891. Fue destinado a su amiga y genial artista Sarah Bernhardt quien lo interpretaría años después como protagonista. Para muchos es considerado como lo más elevado de su teatro. Está basado en el episodio evangélico de la danza de la hija de Herodias con su patético final y sería objeto de una versión musical compuesta por Richard Strauss. Es una obra maestra del decadentismo de la Europa finisecular que se caracteriza por el escepticismo de sus temas y la propensión por un refinamiento exagerado.

Alentado económicamente por George Alexander, el gran actor y empresario, Wilde se dedicó por completo a escribir teatro y en dos meses redactó los cuatro actos de *El abanico de Lady Windermere* (1892), a cuyo estreno acudió toda la élite intelectual y artística londinense que acogió la obra con gran entusiasmo. El gran éxito obtenido le hizo pasar de "favorito, a ser el ídolo del Londres elegante". La protagonista es una dama que se salva de cometer adulterio que probablemente hubiera arruinado su vida.

A esta siguieron desde 1892 a 1895. *Una mujer sin importancia* y dos obras con un mes de estreno

5 Prescindimos del comentario de dos dramas primerizos: *Vera* y *La duquesa de Padua*, porque tuvieron escaso éxito y el primero su estreno en Nueva York fue un fracaso.

entre una y otra: *Un marido ideal* y *La importancia de llamarse Ernesto*. Las dos ambientadas en los círculos de la alta sociedad británica y arrebatados por la cinematografía. *La importancia*, más que "llamarse", de ser "formal" o "el primero" es una obra de enredo, un alegato en pro de la libertad de la vida y del bienestar de conciencia tan caros a Wilde. Es una comedia de las llamadas de "salón", inauguradas por Sheridan en Inglaterra (1751-1816) con *La escuela de la maledicencia* (1777) por cierto, de origen irlandés, como Wilde y dedicado en su caso a la política. El texto original tenía cuatro actos, George Alexander pidió a Wilde que lo hiciese algo más breve. Wilde transigió y fue estrenada en tres (los actos segundo y tercero se fundieron en uno, desapareciendo alguna escena y un personaje y los otros dos los recortó con maestría. Esta versión es la que se publicó y se tradujo al español, siendo la más difundida la de Julio Gómez de la Serna (1943) (hermano de Ramón).

Sin embargo, la versión en cuatro actos, no sólo es la original, sino la más rica, aunque no fue conocida hasta 1948 cuando un hijo de Wilde, proporcionó el manuscrito para la edición de *The works of Oscar Wilde*.

La mirada de Wilde sobre la aristocracia británica de su época victoriana se tiñe de una capa de sutil ironía, fiel trasunto de las contradicciones de su propia vida. Desea halagar a la hipócrita sociedad contemporánea que relata sin apartarse de su profundo hedonismo en contradicción con su rebeldía social que precipitó su caída.

Sin embargo, sus obras continúan representándose en la actualidad con todo su frescor de entonces, tanto en las tablas como en la gran pantalla y los lectores y espectadores continúan disfrutando de su indudable ingenio y extraordinario talento.

Francesc Lluis Cardona

ILUSTRACIONES DE AUBREY BEARDSLEY

PERSONAJES

HERODES ANTIPAS, Tetrarca de Judea

JOKANAÁN, el profeta

EL JOVEN SIRIO, capitán de la guardia

TIGELLINUS, un joven romano

UN CAPADOCIO

UN NUBIO

PRIMER SOLDADO

SEGUNDO SOLDADO

EL PAJE DE HERODÍAS

JUDÍOS, NAZARENOS, ETC

UN ESCLAVO

NAAMÁN, el verdugo

HERODÍAS, esposa de Herodes

SALOMÉ, hija de Herodías

LOS ESCLAVOS DE SALOMÉ

Una gran terraza en el palacio de Herodes, ubicada sobre el salón de banquetes. Algunos soldados se apoyan sobre el balcón. A la derecha hay una escalera gigantesca, a la izquierda, en la parte trasera, una vieja cisterna rodeada por una pared de bronce verde. La luna brilla vivamente.

EL JOVEN SIRIO.— ¡Qué hermosa se ve la princesa Salomé esta noche!

EL PAJE DE HERODÍAS.— ¡Mira la luna! ¡Qué extraña se ve la luna! Es como una mujer realzándose desde su sepultura. Como una difunta. Uno podría creer que anda en busca de cosas muertas.

EL JOVEN SIRIO.— Tiene una extraña mirada. Es como una princesa que lleva un velo amarillo, y cuyos pies son de plata. Es como una princesa que tiene pequeñas palomas blancas en lugar de pies. Uno podría creer que está bailando.

EL PAJE DE HERODÍAS.— Luce como una mujer muerta. Se mueve muy lentamente.

(Ruido en el salón de banquetes.)

PRIMER SOLDADO. ¡Qué alboroto! ¿Quiénes son esas bestias salvajes que aúllan?

SEGUNDO SOLDADO.— Los judíos. Ellos siempre son así. Están discutiendo acerca de su religión.

PRIMER SOLDADO.— ¿Por qué discuten acerca de su religión?

SEGUNDO SOLDADO.— No lo sé. Constantemente lo hacen. Los fariseos, por ejemplo, dicen que los ángeles existen y los Saduceos dicen que no.

PRIMER SOLDADO.— Me parece una tontería discutir sobre tales asuntos.

EL JOVEN SIRIO.— ¡Qué hermosa se ve la princesa Salomé esta noche!

EL PAJE DE HERODÍAS.— Siempre la estás mirando. La miras excesivamente. Es peligroso mirar a las personas de esa manera. Algo terrible podría suceder.

EL JOVEN SIRIO.— Se la ve muy hermosa esta noche.

PRIMER SOLDADO. El Tetrarca tiene un aspecto sombrío.

SEGUNDO SOLDADO.— Sí, tiene un aspecto sombrío.

PRIMER SOLDADO.— Está mirando algo.

SEGUNDO SOLDADO.— Está mirando a alguien.

PRIMER SOLDADO.— ¿A quién está mirando?

SEGUNDO SOLDADO.— No lo sé.

EL JOVEN SIRIO.— ¡Qué pálida está la Princesa! Nunca la había visto tan pálida. Se ve como la sombra de una rosa blanca en un espejo de plata.

EL PAJE DE HERODÍAS.— No debes mirarla. La miras excesivamente.

PRIMER SOLDADO.— Herodías ha llenado la copa del Tetrarca.

EL CAPADOCIO.— ¿Es esa la Reina Herodías, la que lleva una mitra engarzada de perlas, y cuyos cabellos están retocados con polvo azul?

PRIMER SOLDADO.— Sí, esa es Herodías, la esposa del Tetrarca.

SEGUNDO SOLDADO.— Al Tetrarca le gusta mucho el vino. Tiene vino de tres clases. Uno que es traído desde la isla de Samotracia, y es púrpura como el manto de César.

PRIMER SOLDADO.— Yo nunca he visto a César.

SEGUNDO SOLDADO.— Otro que es traído de una ciudad llamada Chipre, y es amarillo como el oro.

EL CAPADOCIO.— Yo amo el oro.

SEGUNDO SOLDADO.— Y el tercero es un vino de Sicilia. Ese vino es rojo como sangre.

EL NUBIO.— Los dioses de mi país son muy aficionados a la sangre. Dos veces al año sacrificamos para ellos muchachos y doncellas: cincuenta muchachos y cien doncellas. Pero temo que nunca les damos suficientes sacrificios, pues siempre se muestran crueles con nosotros.

EL CAPADOCIO.— En mi país ya no quedan dioses. Los romanos los echaron. Hay quienes dicen que los dioses se ocultan en las montañas, pero yo no les creo. Tres noches pasé en las montañas buscándolos sin cesar. No los encontré, y al final grité sus nombres, y no aparecieron. Creo que están muertos.

PRIMER SOLDADO.— Los judíos adoran a un dios que nadie puede ver.

EL CAPADOCIO.— Eso no puedo entenderlo.

PRIMER SOLDADO.— En realidad, los judíos sólo creen en cosas que no se pueden ver.

EL CAPADOCIO.— Eso me parece del todo estúpido.

LA VOZ DE JOKANNAN.— Después de mí vendrá otro más poderoso que yo. Yo no soy digno ni siquiera de desatar el lazo de sus sandalias. Cuando llegue los lugares solitarios se regocijarán. Florecerán como rosas. Los ojos de los ciegos verán la luz, y los oídos de los sordos se abrirán. El niño recién nacido pondrá su mano en la guarida del dragón y guiará a los leones de sus melenas.

SEGUNDO SOLDADO.— Dile que se calle. Siempre está diciendo ridiculeces.

PRIMER SOLDADO.— No, no. Es un hombre santo. Y es muy amable también. Cada día, cuando le doy de comer, me da las gracias.

EL CAPADOCIO.— ¿Quién es él?

PRIMER SOLDADO.— Un profeta.

EL CAPADOCIO.— ¿Cuál es su nombre?

PRIMER SOLDADO.— Jokanaán.

EL CAPADOCIO.— ¿De dónde viene?

PRIMER SOLDADO.— Del desierto, donde se alimentaba de langostas y de miel silvestre. Estaba vestido con pelaje de camello, y alrededor de su cintura llevaba un cinturón de cuero. Era repug-

nante a la mirada. Una gran multitud solía seguirlo. Incluso tenía discípulos.

EL CAPADOCIO.— ¿Y de qué está hablando?

PRIMER SOLDADO.— Nunca se sabe. A veces dice cosas que aterran, pero es imposible saber a qué se refiere.

EL CAPADOCIO.— ¿Se le puede ver?

PRIMER SOLDADO.— No. El Tetrarca lo ha prohibido.

EL JOVEN SIRIO.— ¡La Princesa ha ocultado su rostro detrás de su abanico! Sus pequeñas manos blancas se mueven como palomas que vuelan a su nido. Lucen como mariposas blancas. Lucen exactamente como mariposas blancas.

EL PAJE DE HERODÍAS.— ¿Qué te ocurre? ¿Por qué la estás mirando? No debes mirarla... Algo terrible podría acontecer.

EL CAPADOCIO.— *(Señalando a la cisterna.)* ¡Qué extraña prisión!

SEGUNDO SOLDADO.— Es una vieja cisterna.

EL CAPADOCIO.— ¡Una vieja cisterna! ¡Debe ser un lugar muy nocivo en el que vivir!

SEGUNDO SOLDADO.— ¡Oh, no! Por ejemplo, el hermano del Tetrarca, su hermano mayor, el primer esposo de la Reina Herodías, estuvo cautivo allí por doce años. Y no murió. Al final tuvieron que estrangularlo.

CAPADOCIO.— ¿Estrangularlo? ¿Quién se atrevió a hacer algo así?

SEGUNDO SOLDADO.— *(Señalando al verdugo, un enorme negro.)* Ese hombre de por allá, Naamán.

EL CAPADACIO.— ¿No tuvo miedo?

SEGUNDO SOLDADO.— ¡Oh, no! El Tetrarca le dio el anillo.

EL CAPADOCIO.— ¿Qué anillo?

SEGUNDO SOLDADO.— El anillo de la muerte. Por eso no tuvo miedo.

EL CAPADOCIO.— De todos modos es algo terrible estrangular a un rey.

PRIMER SOLDADO.— ¿Por qué? Los reyes tienen un sólo cuello, igual que todos.

EL CAPADOCIO.— Me parece terrible hacer algo semejante.

EL JOVEN SIRIO.— ¡La Princesa se está levantando! ¡Está dejando la mesa! Se ve contrariada. Ah, viene hacia acá. Sí, viene hacia nosotros. ¡Qué pálida se ve! Nunca la había visto tan pálida.

EL PAJE DE HERODÍAS.— No la mires. Te ruego que no la mires.

EL JOVEN SIRIO.— Es como una paloma extraviada… Es como un narciso temblando por el viento… Es como una flor de plata.

(Entra Salomé.)

SALOMÉ.— No me quedaré. No puedo quedarme. ¿Por qué me mira el Tetrarca con sus ojos de topo

bajo sus temblorosos párpados? Es extraño que el esposo de mi madre me vea de esa manera. No sé qué significa. Mejor dicho, lo sé muy bien.

EL JOVEN SIRIO.— ¿Ha dejado el banquete, Princesa?

SALOMÉ.— ¡Qué suave es el aire aquí! ¡Aquí puedo respirar! Adentro hay judíos de Jerusalén que se desgarran unos a otros por sus tontas ceremonias, y bárbaros que beben y beben y derraman su vino sobre el pavimento, y griegos de Esmirna con ojos y mejillas pintadas, y cabellos crespos enrulados en columnas, y egipcios silenciosos y sutiles, con largas uñas de jade y capas rojizas, y romanos brutales y groseros, con su jerga inculta. ¡Ah! ¡Cómo aborrezco a los romanos! Son toscos y simplones, y se dan aires de señores nobles.

EL JOVEN SIRIO.— ¿Desearía sentarse, Princesa?

EL PAJE DE HERODÍAS.— ¿Por qué le hablas? ¡Oh, algo terrible pasará! ¿Por qué la miras?

SALOMÉ.— ¡Qué maravilloso es ver la luna! Es como una pequeña pieza de dinero, una pequeña flor de plata. Es fría y casta. Estoy segura de que es una virgen. Tiene la belleza de una virgen. Sí, es una virgen. Nunca se ha manchado. Nunca se ha entregado a los hombres, como las otras diosas lo han hecho.

LA VOZ DE JOKANNÁN.— ¡Contemplen! El señor ha llegado. El hijo del hombre está al alcance de nuestras manos. Los centauros se han escondido en los ríos, y las ninfas han abandonado los riachuelos, y yacen bajo las hojas de los bosques.

SALOMÉ.— ¿Quién fue aquel que gritó?

SEGUNDO SOLDADO.— El profeta, Princesa.

SALOMÉ.— ¡Ah, el profeta! ¿Ése al que el Tetrarca teme?

SEGUNDO SOLDADO.— No sabemos nada de eso, Princesa. Fue el profeta Jokanaán el que gritó.

EL JOVEN SIRIO.— ¿Le complacería que mandara a traer su litera, Princesa? La noche está encantadora en el jardín.

SALOMÉ.— ¿Dice cosas terribles sobre mi madre, no es así?

SEGUNDO SOLDADO.— Nunca entendemos lo que dice, Princesa.

SALOMÉ.— Sí, dice cosas terribles sobre ella. *(Entra un esclavo.)*

EL ESCLAVO.— Princesa, el Tetrarca le ruega que regrese al banquete.

EL JOVEN SIRIO.— Perdone, Princesa, pero si usted no regresa una desgracia podría pasar.

SALOMÉ.— Este profeta... ¿es un anciano?

EL JOVEN SIRIO.— Princesa, será mejor que regrese. Permítame que le acompañe.

PRIMER SOLDADO.— No, Princesa, en realidad es muy joven.

SEGUNDO SOLDADO.— No se puede estar seguro. Hay quienes afirman que él es Elías.

SALOMÉ.— ¿Quién es Elías?

SEGUNDO SOLDADO.— Un profeta de este país en la antigüedad, princesa.

EL ESCLAVO.— ¿Qué respuesta debo llevarle al Tetrarca de parte de la princesa?

LA VOZ DE JOKANAÁN.— No te regocijes, oh tierra de Palestina, porque la vara de que quien te hirió está rota. Pues de la semilla de la serpiente saldrá un basilisco, y aquello que nazca de él devorará a los pájaros.

SALOMÉ.— ¡Qué voz tan peculiar! Quisiera hablar con él.

PRIMER SOLDADO.— Temo que eso no es posible, princesa. El Tetrarca no permite que nadie hable con él. Le ha incluso prohibido al sumo sacerdote hablar con él.

SALOMÉ.— Deseo hablar con él.

PRIMER SOLDADO.— Es imposible, princesa.

SALOMÉ.— Voy a hablar con él.

EL JOVEN SIRIO.— ¿No sería mejor regresar al banquete?

SALOMÉ.— Traigan ante mí a este profeta. *(Se va el esclavo.)*

PRIMER SOLDADO.— No nos atrevemos, Princesa.

SALOMÉ.— *(Acercándose a la cisterna y mirando dentro de ella.)* ¡Qué negro está allí abajo! ¡Debe ser espantoso estar en un agujero tan oscuro! Es como una tumba... *(A los soldados.)* ¿No me oyeron? Saquen al profeta. Quiero verlo.

SEGUNDO SOLDADO.— Princesa, se lo ruego, no nos ordene esto.

SALOMÉ.— Me están haciendo perder el tiempo.

PRIMER SOLDADO.— Princesa, nuestras vidas le pertenecen, pero no podemos hacer lo que nos pide. Y justamente, no es a nosotros a quienes debería solicitar esto.

SALOMÉ.— *(Viendo al joven sirio.)* ¡Ah!

EL PAJE DE HERODÍAS.— ¿Oh, que va a ocurrir? Estoy seguro de que algo terrible ocurrirá.

SALOMÉ.— *(Acercándose al joven sirio.)* ¿Tú harás esto por mí, no es así, Narraboth? Tú harás esto por mí. Siempre he sido amable contigo. Tú harás esto por mí. Sólo quiero verlo, a este extraño profeta. Los hombres han hablado tanto sobre él. A veces he oído al Tetrarca hablar de él. Creo que le teme, el Tetrarca. ¿Le temes incluso tú, Narraboth?

EL JOVEN SIRIO.— No le temo, princesa; no hay hombre a quien tema. Pero el Tetrarca ha prohibido determinadamente que cualquier hombre remueva la cubierta a este pozo.

SALOMÉ.— Tú harás esto por mí, Narraboth, y mañana cuando pase en mi litera por la puerta de los vendedores de ídolos dejaré caer una pequeña flor para ti, una pequeña y verde flor.

EL JOVEN SIRIO.— Princesa, no puedo, no puedo.

SALOMÉ.— *(Sonriendo.)* Tú harás esto por mí, Narraboth. Sabes bien que lo harás. Y en la mañana cuando pase en mi litera por el puente de los compradores de ídolos, te miraré a través de los velos de muselina, te miraré a ti, Narraboth, tal vez incluso te sonría. Mírame, Narraboth, mírame. Sabes bien que harás esto por mí. Lo sabes bien… Sé que lo harás.

EL JOVEN SIRIO.— *(Haciéndole señas al tercer soldado.)* Deja salir al profeta… La princesa Salomé desea verlo.

SALOMÉ.— ¡Ah!

EL PAJE DE HERODÍAS.— ¡Oh, qué extraña luce la luna! Parece la mano de una muerta tratando de cubrirse con una mortaja.

EL JOVEN SIRIO.— ¡Tiene un aspecto extraño! Es como una pequeña princesa, cuyos ojos son de ámbar. A través de las nubes de muselina sonríe como una princesita.

(El profeta sale de la cisterna.
Salomé lo observa y retrocede lentamente.)

JOKANAÁN.— ¿Dónde está aquel cuya copa de abominaciones está llena? ¿Dónde está él, que en un manto de plata morirá un día frente a todos? Ordénenle que venga, para que escuche la voz de aquel que ha clamado en los desiertos y en las casas de los reyes.

SALOMÉ.— ¿A quién se refiere?

EL JOVEN SIRIO.— Nadie lo sabe, princesa.

JOKANAÁN.— ¿Dónde está aquella que vio las imágenes de hombre pintadas en las paredes, incluso las imágenes de los caldeos pintadas con colores, y se entregó a la lujuria de sus ojos, y envió embajadores a la tierra de Caldea?

SALOMÉ.— Se refiere a mi madre.

EL JOVEN SIRIO.— Oh no, princesa.

SALOMÉ.— Sí, se refiere a mi madre.

JOKANAÁN.— ¿Dónde está aquella que se entregó a los capitanes de Asiria, que tienen tahalíes en sus lomos, y coronas de muchos colores en sus cabezas? ¿Dónde está aquella que se entregó a los jóvenes egipcios, que están vestidos de lino fino y de púrpura, cuyos escudos son de oro, suyos cascos son de plata, cuyos cuerpos son poderosos? Vayan, hagan que se levante de la cama de sus abominaciones, de la cama de sus incestos, que escuche las palabras del que prepara el camino del Señor, para que se arrepienta de sus perversidades. Y aunque no se arrepienta, y se quede en sus abominaciones, hagan que venga, pues el tridente del Señor está en Su mano.

SALOMÉ.— ¡Pero es terrible, es terrible!

EL JOVEN SIRIO.— No continúe aquí, princesa, se lo ruego.

SALOMÉ.— Son sobre todo sus ojos los terribles. Son como agujeros negros incinerados por antorchas en un tapiz de Tire. Son como negras cavernas donde viven dragones, las negras cavernas de Egipto en las que los dragones tienen su guarida. Son como lagos negros perturbados por fantásticas lunas… ¿Crees que vuelva a hablar?

EL JOVEN SIRIO.— No continúe aquí, Princesa, le ruego que no lo haga.

SALOMÉ.— ¡Qué acabado luce! Es como una delgada estatua de marfil, como una imagen de plata. Estoy segura de que es tan casto como la luna. Es como un rayo lunar, como un dardo de plata. Su piel debe de estar muy fría, fría como el marfil. Quisiera verlo más de cerca.

EL JOVEN SIRIO.— ¡Princesa! ¡Princesa!

JOKANAÁN.— ¿Quién es esta mujer que me está observando? No quiero que me observe. ¿Por qué me observa, con sus ojos de oro, bajo sus párpados dorados? No sé quién es. No deseo saber quién es. Hagan que se marche, no es ella a quien hablaré.

SALOMÉ.— Soy Salomé, hija de Herodías, princesa de Judea.

JOKANAÁN.— ¡Retrocede, hija de Babilonia! No te aproximes al elegido del Señor. Tu madre ha llenado la tierra con el vino de sus perversidades, y el alarido de sus pecados ha llegado incluso a los oídos de Dios.

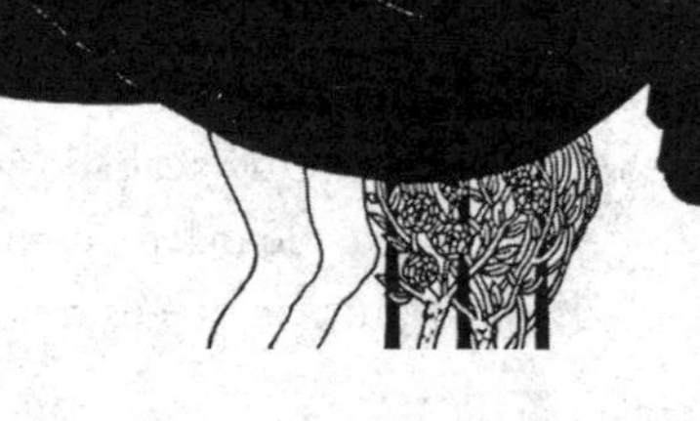

SALOMÉ.— Habla nuevamente, Jokanaán. Tu voz es como música para mis oídos.

EL JOVEN SIRIO.— ¡Princesa! ¡Princesa!

SALOMÉ.— ¡Habla de nuevo! Habla de Nuevo, Jokanaán, y dime lo que debo hacer.

JOKANAÁN.— ¡Hija de Sodoma, no te me acerques! Más bien cubre tu rostro con un velo, y esparce cenizas sobre tu cabeza, y camina hacia el desierto, y busca al Hijo del Hombre.

SALOMÉ.— ¿Y quién es este Hijo del Hombre? ¿Es tan hermoso como lo eres tú, Jokanaán?

JOKANAÁN.— ¡Ponte a mis espaldas! Escucho en el palacio el batir de las alas del ángel de la muerte.

EL JOVEN SIRIO.— Princesa, le ruego que vaya adentro.

JOKANAÁN.— ¿Ángel del Señor, qué haces aquí con tu espada? ¿A quién buscas en este palacio? El día de aquel que morirá en un manto de plata aún no ha llegado.

SALOMÉ.— ¡Jokanaán!

JOKANAÁN.— ¿Quién habló?

SALOMÉ.— ¡Estoy enamorada de tu cuerpo, Jokanaán! Tu cuerpo es blanco, como las lilas de un campo que el segador jamás ha segado. Tu cuerpo es blanco como la nieve que yace en las montañas de Judea, y que baja por los valles. Las rosas en el jardín de la Reina de Arabia no son tan blancas como tu cuerpo. Ni las rosas del jardín de la Reina de Arabia, ni los pies del amanecer cuando alumbran las hojas, ni el seno de la luna cuando yace en el seno del mar… No hay nada en este mundo tan blanco como tu cuerpo. Déjame tocar tu cuerpo.

JOKANAÁN.— ¡Retrocede, hija de Babilonia! Por la mujer es que vino la maldad a este mundo. No te atrevas hablarme. No te escucharé. Yo sólo escucho la voz del Señor.

SALOMÉ.— Tu cuerpo es espantoso. Es como el cuerpo de un leproso. Es como una pared enyesada a donde las víboras se han arrastrado; como una pared enyesada donde los escorpiones han hecho su nido. Es como un sepulcro emblanquecido, lleno de cosas repulsivas. Es horrible, tu cuerpo es horrible. Es de tu cabello de lo que estoy enamorada, Jokanaán. Tu cabello es como racimos de uvas, como los racimos de uvas negras que cuelgan de los viñedos de Edom en la tierra de los edomitas. Tu cabello es como los cedros de Líbano, como los grandes cedros de Líbano que dan su sombra a los leones y a los ladrones que se esconden allí durante el día. Ni las largas noches negras, cuando la luna encubre su rostro, cuando las estrellas tienen miedo, son tan negras como tu cabello. El silencio que ronda en el bosque no es tan negro. No hay nada en el mundo tan negro como tu cabello... Déjame tocar tu cabello.

JOKANAÁN.— ¡Retrocede, hija de Babilonia! No te atrevas a tocarme. No profanes el templo del Señor.

SALOMÉ.— Tu cabello es asqueroso. Está cubierto de fango y polvo. Es como un lazo de serpientes enrollado en tu cuello. No amo tu cabello... Es tu boca lo que deseo, Jokanaán. Tu boca es como una banda escarlata en una torre de marfil. Es como una granada cortada con un cuchillo de marfil. Las flores de granadas que florecen en los jardines de Tire, de colores más intensos que las rosas, no son tan rojas. Los rojos bramidos de las trompetas que anuncian la llegada de los reyes, y que intimidan al enemigo, no son tan rojos. Es más roja que los pies de las palomas que habitan los templos y que son alimentadas por los sacerdotes. Es más roja que los pies de aquel que regresa de un bosque habiendo asesinado un león y visto tigres dorados. ¡Tu boca es como una rama de coral que los pescadores han encontrado en el crepúsculo del mar, el coral que ellos guardan para los reyes...! Es como el bermellón que los moabitas encuentran en las minas de Moab, el bermellón que los reyes llevan consigo. Es como el arco del Rey de los Persas, que está pintado con bermellón, y guarnecido con coral. No hay nada en el mundo tan rojo como tu boca... Déjame besar tu boca.

JOKANAÁN.— ¡Nunca, hija de Babilonia! ¡Hija de Sodoma, nunca!

SALOMÉ.— Besaré tu boca, Jokanaán. Besaré tu boca.

EL JOVEN SIRIO.— Princesa, princesa, usted que es como un jardín de mirra, usted que es la paloma de todas las palomas, no mire a este hombre, ¡no lo mire! No le diga tales palabras. No puedo soportarlo... Princesa, no pronuncie esas palabras.

SALOMÉ.— Besaré tu boca, Jokanaán.

EL JOVEN SIRIO.— ¡Ah! *(Se mata y cae entre Salomé y Jokanaán.)*

EL PAJE DE HERODÍAS.— ¡El joven sirio se ha suicidado! ¡El joven capitán se ha suicidado! ¡Se ha suicidado el que era mi amigo! Le di una pequeña caja con perfumes y aretes forjada en plata, ¡y ahora se ha matado! ¿Ah, acaso no dijo que alguna tragedia ocurriría? Yo también lo dije, y ahora ocurrió. Bien sabía yo que la luna buscaba algo muerto, pero no sabía que era a él a quien buscaba. ¿Ah, por qué no lo oculté de la luna? Si lo hubiera escondido en una caverna la luna no lo hubiera visto.

PRIMER SOLDADO.— Princesa, el joven capitán se ha suicidado.

SALOMÉ.— Déjame besar tu boca, Jokanaán.

JOKANAÁN.— ¿Acaso no temes, hija de Herodías? ¿No te dije que había oído en el palacio el batir de las alas del ángel de la muerte, y acaso no ha venido?

SALOMÉ.— Déjame besar tu boca.

JOKANAÁN.— Hija del adulterio, sólo hay uno que puede salvarte, aquel del que yo hablo. Ve a buscarlo. Está en un bote en el mar de Galilea, y habla con sus discípulos. Póstrate en la costa del mar y llámalo por su nombre. Cuando él vaya hacia ti, y él va hacia todos los que lo han llamado, póstrate ante sus pies y pídele que perdone tus pecados.

SALOMÉ.— Déjame besar tu boca.

JOKANAÁN.— ¡Maldita seas!, hija de madre pecadora, ¡maldita seas!

SALOMÉ.— Besaré tu boca, Jokanaán.

JOKANAÁN.— No te miraré. Estás maldita, Salomé, estás maldita. *(Baja a la cisterna.)*

SALOMÉ.— Besaré tu boca, Jokanaán; besaré tu boca.

PRIMER SOLDADO.— Debemos trasladar el cadáver a otro lugar. Al Tetrarca no le interesa ver cadáveres, excepto los de aquellos a quienes él mismo mató.

EL PAJE DE HERODÍAS.— Él era mi hermano, e incluso más cercano a mí que un hermano. Le di una pequeña caja llena de perfumes, y un anillo de ágata que siempre usaba en su mano. En la noche solíamos caminar junto al río, y entre los árboles de almendras, y solía contarme cosas de su país. Siempre hablaba muy despacio. El sonido de su voz era como el sonido de una flauta, viniendo de un flautista. También disfrutaba mucho al mirarse a sí mismo en el río. Solía reprenderle por eso.

SEGUNDO SOLDADO.— Tienes razón, debemos esconder el cuerpo. El Tetrarca no debe verlo.

PRIMER SOLDADO.— El Tetrarca no vendrá a este lugar. Nunca viene a la terraza. Le teme demasiado al profeta.

(Entra Herodes, Herodías y toda la corte.)

HERODES.— ¿Dónde está Salomé? ¿Dónde está la princesa? ¿Por qué no regresó al banquete como lo había ordenado? ¡Ah, allí está!

HERODÍAS.— ¡No debes mirarla! ¡Siempre la estás mirando!

HERODES.— La luna luce extraña esta noche. ¿No es así? Es como una mujer loca, una mujer loca buscando amantes por todas partes. También está desnuda. Está completamente desnuda. Las nubes

procuran ocultar su desnudez, pero ella no se los permite. Se muestra desnuda en el cielo. Y se tambalea entre las nubes como si estuviera ebria... Estoy seguro de que está buscando amantes. ¿Acaso no se tambalea como una mujer ebria? Es como una mujer loca, ¿no es verdad?

HERODÍAS.— No; la luna es como la luna, eso es todo. Regresemos adentro... No tenemos nada que hacer aquí.

HERODES.— ¡Me quedaré aquí! Manasseh, despliega aquí las alfombras. Enciende las antorchas, y trae las mesas de marfil, y las mesas de jaspe. El aire aquí es suave. Beberé más vino con mis invitados. Debemos mostrar todos los honores a los embajadores de César.

HERODÍAS.— No es por ellos que te quedas.

HERODES.— Sí; el aire es muy suave. Ven, Herodías, nuestros invitados nos esperan. ¡Ah, me resbalé! ¡Me resbalé en sangre! Es un mal presagio. Es un muy mal presagio. ¿De dónde salió esta sangre...? y este cuerpo, ¿qué hace este cuerpo aquí? ¿Creen que soy como el rey de Egipto, que en vez de dar banquetes a sus invitados les muestra un cadáver? ¿Quién es? No voy a mirarlo.

PRIMER SOLDADO.— Es nuestro capitán, señor. Es el joven sirio que usted hizo capitán de la guardia tan sólo hace tres días.

HERODES.— No ordené que lo mataran.

SEGUNDO SOLDADO.— Se suicidó, señor.

HERODES.— ¿Por qué razón? Lo hice capitán de mis guardias.

SEGUNDO SOLDADO.— Lo desconocemos, señor. Pero se mató con sus propias manos.

HERODES.— Eso me parece muy extraño. Yo pensaba que eran sólo los filósofos romanos los que se suicidaban. ¿Acaso no es cierto, Tigellinus, que los filósofos romanos se suicidan?

TIGELLINUS.— Hay algunos que se suicidan, señor. Son los estoicos. Los estoicos son personas sin cultura. Son estúpidos. A mi parecen perfectamente ridículos.

HERODES.— A mí también. Es estúpido matarse a uno mismo.

TIGELLINUS.— Todos en Roma se burlan de ellos. El Emperador ha escrito una sátira contra ellos. Se la recita en todas partes.

HERODES.— ¡Ah!, ¿escribió una sátira contra ellos? César es maravilloso. Puede hacerlo todo... Es extraño que el joven sirio se haya suicidado. Siento que lo haya hecho. Lo siento mucho, pues era un placer mirarlo. Era hasta de apariencia hermosa. Tenía ojos muy lánguidos. Recuerdo que miraba lánguidamente a Salomé. A decir verdad, la miraba demasiado.

HERODÍAS.— Hay también otros que la miran demasiado.

HERODES.— Su padre era un rey. Yo lo traje de su reino. Y a su madre, que era una reina, la hiciste esclava, Herodías. Así que él estaba aquí como mi invitado, se podría decir, y por eso lo hice mi capitán. Lamento que esté muerto. ¿Oh, por qué habéis dejado el cuerpo aquí? No voy a mirarlo. ¡Llévenselo! *(Se llevan el cuerpo.)* Hace frío aquí. El viento está soplando. ¿Acaso no sopla el viento?

HERODÍAS.— No, no hay viento.

HERODES.— Te digo que hay un viento soplando... Y escucho en el aire algo como el batir de unas alas, como el batir de unas grandes alas. ¿No lo oyes tú?

HERODÍAS.— No oigo nada.

HERODES.— Ya no lo oigo. Pero lo había oído. Era el viento soplando. Ya se ha ido. Pero no, lo escucho todavía. ¿No lo oyes? Es como el batir de unas alas.

HERODÍAS.— Te digo que no hay nada. Estás enfermo. Entremos ya.

HERODES.— No estoy enfermo. Tu hija es la que parece enferma de muerte. Nunca la había visto tan pálida.

HERODÍAS.— Te dije que no la miraras.

HERODES.— Sírvanme vino. *(Traen vino.)* Salomé, ven a beber un poco de vino conmigo. Tengo aquí un vino exquisito. César mismo me lo envió. Moja en él tus pequeños labios rojos, y yo vaciaré la copa.

SALOMÉ.— No tengo sed, Tetrarca.

HERODES.— ¿Escuchas cómo me responde, esta hija tuya?

HERODÍAS.— Hace bien. ¿Por qué siempre la estás mirando?

HERODES.— Tráiganme frutas maduras. *(Traen*

frutas.) Salomé, ven y come frutas conmigo. Me encanta ver en la fruta la marca de tus pequeños dientes. Muerde tan sólo un poco de esta fruta, que yo comeré lo que sobre.

SALOMÉ.— No tengo hambre, Tetrarca.

HERODES *(A Herodías.)* Mira cómo has criado a esta hija tuya.

HERODÍAS.— Mi hija y yo venimos de un linaje real. En cuanto a ti, tu padre era un jinete de camellos. ¡Era además un completo ladrón!

HERODES.— ¡Mientes!

HERODÍAS.— Sabes bien que es cierto.

HERODES.— Salomé, ven y siéntate junto a mí. Te daré el trono de tu madre.

SALOMÉ.— No estoy cansada, Tetrarca.

HERODÍAS.— Ya ves cuanto te aprecia.

HERODES.— Tráiganme... ¿qué es lo que quería? Lo he olvidado. ¡Ah, ya recuerdo!

LA VOZ DE JOKANAÁN.— ¡Observen! ¡El tiempo ha llegado! Lo que predije ha pasado. El día del que hablé está cerca.

HERODÍAS.— ¡Hagan que se calle! No quiero escuchar su voz. Ese hombre siempre está lanzando insultos contra mí.

HERODES.— No ha dicho nada en contra de ti. Además, es un gran profeta.

HERODÍAS.— Yo no creo en profetas. ¿Puede un hombre decir lo que pasará? Nadie lo sabe. Además él siempre me está ofendiendo. Creo que le temes... La verdad sé muy bien que le temes.

HERODES.— No le temo. Yo no temo a ningún hombre.

HERODÍAS.— Te digo lo digo, tú le temes. ¿Si no le temes por qué no lo entregas a los judíos que por seis meses han estado clamando por él?

UN JUDÍO.— Sí señor, sería mejor que lo dejara en nuestras manos.

HERODES.— Basta ya del tema. Ya os he dado mi respuesta. No se los daré. Es un hombre santo. Es un hombre que ha visto a dios.

UN JUDÍO.— Eso no es posible. No hay hombre que haya visto a Dios desde el profeta Elías. Él es el último hombre que vio a Dios cara a cara. En estos días Dios no se muestra. Él se esconde. Por eso es que grandes adversidades han caído sobre la tierra.

OTRO JUDÍO.— De hecho, nadie sabe si el profeta Elías vio de verdad a Dios. Tal vez lo que vio fue tan sólo la sombra de Dios.

UN TERCER JUDÍO.— Dios no se esconde nunca. Él se muestra a todo momento y en todas partes. Dios está tanto en lo que es malo como en lo que es bueno.

UN CUARTO JUDÍO.— No deberías decir eso. Es una doctrina muy peligrosa. Es una doctrina que vino de Alejandría, donde los hombres enseñan la filosofía de los griegos. Y los griegos son gentiles. Ni siquiera son circuncisos.

UN QUINTO JUDÍO.— Nadie puede decir cómo obra Dios. Sus designios son muy misteriosos. Puede ser que las cosas que llamamos malas sean buenas, y que las cosas que llamamos buenas sean malas. No hay conocimiento de nada. Sólo podemos bajar nuestra cabeza ante su voluntad, pues Dios es muy poderoso. Él rompe en pedazos al fuerte y al débil, pues no hace distinción entre hombres.

PRIMER JUDÍO.— Hablas acertadamente. Dios es verdaderamente terrible. Él rompe en pedazos al fuerte y al débil como maíz en mortero. Pero en cuanto a este hombre, él no ha visto nunca a Dios. Ningún hombre ha visto a Dios desde el profeta Elías.

HERODÍAS.— Manda que se callen. Me fastidian.

HERODES.— Pero yo he oído que Jokanaán es en verdad vuestro profeta Elías.

EL JUDÍO.— Eso no puede ser cierto. Han pasado más de trecientos años desde los días del profeta Elías.

HERODES.— Pero hay algunos que afirman que él es Elías el profeta.

UN NAZARENO.— Yo estoy seguro de que él es Elías el profeta.

EL JUDÍO.— No, él no es Elías el profeta.

LA VOZ DE JOKANAÁN.— ¡Contemplen! El día se acerca, el día del señor, y escucho desde las montañas los pies de aquel que será el salvador del mundo.

HERODES.— ¿Qué quiere decir eso? ¿El salvador del mundo?

TIGELLUS.— Es uno de los títulos que el César adopta.

HERODES.— Pero César no va a venir a Judea. Ayer mismo recibí cartas de Roma. No contenían nada referente a ese asunto. Y tú, Tigellinus, que estabas en Roma durante el invierno, ¿oíste algo referente a esto?

TIGELLINUS.— Señor, yo no he oído nada acerca de eso. Sólo estaba explicando el título. Es uno de los títulos del César.

HERODES.— Pero el César no puede venir. Es muy gotoso. Dicen que sus pies son como los de un elefante. También hay razones de estado. Aquel que deja

Roma pierde Roma. No vendrá. Sin embargo, el César es el señor, así que vendrá si así lo quiere. Aunque aun así, no creo que venga.

PRIMER NAZARENO.— No era refiriéndose al César que el profeta pronunció esas palabras, señor.

HERODES.— ¿Cómo...? ¿No se refería a César?

PRIMER NAZARENO.— No, mi señor.

HERODES.— ¿Entonces a quién se refería al hablar?

PRIMER NAZARENO.— Se refería a Mesías que ha venido.

UN JUDÍO.— No, el Mesías no ha venido.

PRIMER NAZARENO.— Ha venido, y ha ido a todas partes. ¡Hace milagros!

HERODÍAS.— ¡Oh, milagros! Yo no creo en milagros. He visto suficientes. *(Al paje.)* Mi abanico.

PRIMER NAZARENO.— Este hombre hace milagros verdaderos. Por ejemplo, en una boda que tuvo lugar en un pequeño pueblo de Galilea, un pueblo sin importancia, transformó agua en vino. Algunas personas que estaban presentes me lo relataron. También sanó a dos leprosos que estaban sentados frente a la puerta de Cafarnaúm tan sólo tocándolos.

SEGUNDO NAZARENO.— No, era a dos ciegos a los que él sanó en Cafarnaúm.

PRIMER NAZARENO.— No, eran leprosos. Pero él también ha curado a gente ciega, y fue visto en una montaña hablando con ángeles.

UN SADUCEO.— Los ángeles no existen.

MARQUIS DE SADE
MANON LESCAUT

UN FARISEO.— Claro que los ángeles existen, pero no creo que ese hombre haya hablado con ellos

PRIMER NAZARENO.— Fue visto por una gran multitud de personas hablando con ángeles.

HERODÍAS.— ¡Estos hombres me fastidian tanto! ¡Son ridículos! ¡Son del todo ridículos! *(Al paje.)* ¿Bueno y mi abanico? *(El paje le da el abanico.)* Tienes una mirada soñadora. No deberías soñar. Sólo las personas enfermas sueñan. *(Golpea al paje con su abanico.)*

SEGUNDO NAZARENO.— También está el milagro de la hija de Jairo.

PRIMER NAZARENO.— Sí, eso es cierto. Nadie puede negarlo.

HERODÍAS.— Estos hombres están perturbados. Han mirado la luna demasiado tiempo. Ordénales que se callen.

HERODES.— ¿Cuál es este milagro del que hablan?

PRIMER NAZARENO.— La hija de Jairo estaba muerta. Ese hombre la resucitó de entre los muertos.

HERODES.— ¡Cómo! ¿Este hombre resucita a los muertos?

PRIMER NAZARENO.— Así es, señor; resucita a los muertos.

HERODES.— No quiero que haga eso. Le prohíbo que lo haga. No permito que nadie resucite a los muertos. Hay que encontrar a ese hombre y decirle que le prohíbo que resucite a los muertos. ¿Dónde se encuentra ese hombre en este momento?

SEGUNDO NAZARENO.— Está en todas partes, mi señor, pero es difícil encontrarlo.

PRIMER NAZARENO.— Comentan que ahora está en Samaria.

UN JUDÍO.— Es fácil darse cuenta que no es Mesías, si es que es verdad que está en Samaria. Él no vendrá donde los samaritanos. Los samaritanos están malditos. No aportan ofrendas al templo.

SEGUNDO NAZARENO.— Se fue de Samaria hace unos días. Al parecer ahora está en las cercanías de Jerusalén.

PRIMER NAZARENO.— No, no está ahí. Acabo de venir de Jerusalén. Desde hace dos meses que no tienen noticias de él.

HERODES.— ¡No importa! Pero hay que encontrarlo y decirle que así dijo el rey Herodes: "No te permito que resucites a los muertos." Que convierta el agua en vino o que sane a los leprosos y a los ciegos... Estas cosas puede hacerlas si él quiere. No diré nada en contra de esto. La verdad, me parece muy amable por su parte que sane leprosos. Pero nadie resucitará a los muertos... Sería terrible que los muertos regresaran.

LA VOZ DE JOKANAÁN.— ¡Ah, la corrompida! ¡La ramera! ¡Ah, la hija de Babilonia con sus ojos de oro y sus párpados dorados! Esto dijo Dios, el señor, que vaya contra ella una multitud de hombres. Dejen a las personas recoger piedras y apedrearla...

HERODÍAS.— Ordena que se calle.

LA VOZ DE JOKANAÁN.— Dejen a los capitanes de las multitudes atravesarla con sus espadas, déjenlos aplastarla con sus escudos.

HERODÍAS.— ¡Qué infame es!

LA VOZ DE JOKANAÁN.— Es así como limpiaré toda la maldad de la tierra, y todas las mujeres aprenderán a no imitar sus abominaciones.

HERODÍAS.— ¿Escuchas lo que dice de mí? ¿Le permites ofender así a tu esposa?

HERODES.— No ha mencionado tu nombre.

HERODÍAS.— ¿Y qué importa eso? Sabes bien que es a mí a quien trata de ofender. Y soy tu esposa, ¿no es cierto?

HERODES.— En honor a la verdad, querida y noble Herodías, tú eres mi esposa, y antes de serlo eras la esposa de mi hermano.

HERODÍAS.— Fuiste tú el que me arrebató de sus brazos.

HERODES.— En honor a la verdad yo era más fuerte que él... Pero no hablemos de ese asunto. No quiero hablar de eso. Es el motivo de las terribles palabras del profeta. Es probable que una desgracia acontezca. No hablemos de ese asunto. Noble Herodías, no estamos pensando en nuestros invitados. Llena mi copa, amada mía. Oh, llena con vino los cálices de plata, y el gran cáliz de cristal. Beberé en nombre del César.

TODOS.— ¡César! ¡César!

HERODES.— ¿No ves lo pálida que está tu hija?

HERODÍAS.— ¿Y a ti que te importa que esté o no pálida?

HERODES.— Nunca la había visto tan pálida.

HERODÍAS.— No debes mirarla.

LA VOZ DE JOKANAÁN.— Ese día el sol se volverá negro como un mechón de pelo, y la luna se volverá sangre, y las estrellas del cielo caerán sobre

la tierra como higos maduros cayendo de la higuera, y los reyes de la tierra temerán.

HERODÍAS.— ¡Ah! Me encantaría ver ese día del que él habla, cuando la luna se convierta en sangre, y cuando las estrellas caigan sobre la tierra como higos maduros. Este profeta habla como borracho... pero no soporto el sonido de su voz. Odio su voz. Ordena que se calle.

HERODES.— No lo haré. No entiendo lo que ha dicho, pero puede haber sido un presagio.

HERODÍAS.— Yo no creo en presagios. Habla como un borracho.

HERODES.— Puede ser que esté borracho del vino de Dios.

HERODÍAS.— ¿Que vino es ese, el vino de Dios? ¿De qué viñedos se obtiene? ¿En qué lugar puede encontrarse?

HERODES.— *(Desde este punto él sólo mira a Salomé.)* Tigellinus, cuando estabas en Roma, ¿el Emperador te habló de...?

TIGELLINUS.— ¿Sobre qué, mi señor?

HERODES.— ¿Sobre qué? ¡Ah!, te estaba preguntando algo, ¿no es verdad? He olvidado de que se trataba.

HERODÍAS.— Insistes en estar mirando a mi hija. No debes hacerlo. Ya te lo he dicho muchas veces.

HERODES.— Siempre me dices lo mismo.

HERODÍAS.— Te lo vuelvo a repetir.

HERODES.— Y la restauración del templo de la que tanto han hablado, ¿se hará a la final algo?

Dicen que el velo del santuario ha desaparecido, ¿verdad?

HERODÍAS.— Fuiste tú el que lo robó. Hablas a la ligera sin pensar en lo que dices. No me voy a quedar aquí. Vamos adentro.

HERODES.— Baila para mí, Salomé.

HERODÍAS.— No permitiré que baile.

SALOMÉ.— No tengo deseos de bailar, Tetrarca.

HERODES.— Salomé, hija de Herodías, baila para mí.

HERODÍAS.— ¡Ya basta! Déjala en paz.

HERODES.— Te ordeno que bailes, Salomé.

SALOMÉ.— No bailaré, Tetrarca.

HERODÍAS.— *(Riendo.)* Ya ves cómo te obedece.

HERODES.— ¿Y qué me importa a mí si ella baila o no? Nada en absoluto. Esta noche estoy feliz. Estoy extremadamente feliz. Nunca había estado tan feliz.

PRIMER SOLDADO.— El Tetrarca tiene un aspecto sombrío. ¿Verdad que sí?

SEGUNDO SOLDADO.— Sí, tiene un aspecto sombrío.

HERODES.— ¿Por qué no debería estar feliz? El César, que es el señor del mundo, César, que es el señor de todas las cosas, me estima mucho. Justo ahora acaba de mandarme los más preciosos obsequios. También me ha prometido que convocará a Roma al rey de Capadocia, que es mi enemigo. Puede ser que en Roma lo crucifique, pues él es capaz de llevar a cabo todo lo que se le pase por la cabeza. Verdaderamente, César es el señor. Por eso es que hago bien en estar feliz. Estoy muy feliz, nunca he estado tan feliz. No hay nada en el mundo que pueda arruinar mi felicidad.

LA VOZ DE JOKANAÁN.— Él estará sentado en su trono. Y será vestido con púrpura y escarlata.

En su mano llevará una copa dorada llena de sus blasfemias. Y el ángel del señor lo asolará: será devorado por gusanos.

HERODÍAS.— Ya oyes lo que dice de ti. Dice que serás devorado por gusanos.

HERODES.— No es de mí de quien habla. Él nunca habla en mi contra. Es del rey de Capadocia de quien habla, el rey de Capadocia que es mi enemigo. Es él el que será devorado por gusanos. No soy yo. Nunca ha hablado nada en mi contra, este profeta, excepto que pequé al tomar como mi esposa a la esposa de mi hermano. Puede ser que en eso tenga razón. Pues, en verdad, tú eres estéril.

HERODÍAS.— ¿Que yo soy estéril? ¿Tú dices eso, que siempre estás mirando a mi hija, tú que quisieras hacer que bailara para tu goce? Hablas como un tonto. Yo he dado a luz a una hija. Tú nunca has tenido hijos, ni siquiera de tus esclavas. Eres tú el que es estéril, no yo.

HERODES.— ¡Paz, mujer! Yo digo que tú eres la estéril. Jamás me has dado un hijo, y el profeta dice que nuestro matrimonio no es un matrimonio real. Dice que es un matrimonio incestuoso, un matrimonio que traerá males... Temo que tenga razón; estoy seguro de que la tiene. Estaría feliz de que fuera así. Sinceramente, estoy feliz. No hay nada que me haga falta.

HERODÍAS.— Me complace que estés de tan buen humor esta noche. No es costumbre en ti. Pero es tarde. Mejor entremos. No olvides que iremos de caza al amanecer. Todos los honores deben ser presentados a los embajadores del César, ¿no es cierto?

SEGUNDO SOLDADO.— El Tetrarca tiene un aspecto sombrío.

PRIMER SOLDADO.— Sí, tiene un aspecto sombrío.

HERODES.— Salomé, Salomé, baila para mí. Te ruego que bailes para mí. Estoy triste esta noche. Sí, me encuentro muy afligido. Cuando llegué me resbalé en sangre, que es un mal presagio; también oí en el aire el batir de unas alas, el batir de unas alas gigantescas. No puedo imaginarme lo que eso significa... Estoy triste esta noche. Así que baila para mí. Baila para mí, Salomé, te lo ruego. Sí, baila para mí, Salomé, y te daré lo que sea que tú me pidas, incluso la mitad de mi reino.

SALOMÉ.— *(Levantándose.)* ¿Seguro me darás lo que sea que te pida, Tetrarca?

HERODÍAS.— No bailes, hija mía.

HERODES.— Lo que sea que me pidas, incluso la mitad de mi reino.

SALOMÉ.— ¿Lo juras, Tetrarca?

HERODES.— Lo juro, Salomé.

HERODÍAS.— No bailes, hija mía.

SALOMÉ.— ¿Por quién lo juras, Tetrarca?

HERODES.— Por mi vida, por mi corona, por mis dioses. Lo que sea que tú desees te lo daré, incluso la mitad de mi reino, si tú tan sólo bailas para mí. ¡Oh, Salomé, Salomé, baila para mí!

SALOMÉ.— Has hecho un juramento, Tetrarca.

HERODES.— He hecho un juramento.

HERODÍAS.— Hija mía, no bailes.

HERODES.— Hasta la mitad de mi reino. Te verás tan hermosa como reina, Salomé, si deseas pedir la mitad de mi reino. ¿Acaso no se la vería hermosa como reina? ¡Oh, hace frío aquí! Hay un viento helado y escucho... ¿por qué escucho en el aire este batir de alas? Uno podría creer que un enorme pájaro negro se posa sobre la terraza. ¿Por qué no puedo verlo, a este pájaro? El batir de sus alas es terrible. El soplo del viento de sus alas es terrible. Es un viento frío. No, pero no es frío, es caliente. Me estoy asfixiando. Rieguen agua sobre mis manos. Denme de comer nieve. Aflojen mi túnica. ¡Rápido, rápido!, aflojen mi túnica. No, déjenlo. Es mi guirnalda la que me lastima, mi guirnalda de rosas. Las flores son como fuego. Han quemado mi frente. *(Se arranca la tiara de su cabeza, y la arroja sobre la mesa.)* ¡Ah!, ahora sí puedo respirar. ¡Qué rojos son esos pétalos! Son como manchas de sangre en la tela. Eso no importa. No es sabio encontrar símbolos en todo lo que vemos. Llena a la vida de cosas terroríficas. Sería mejor decir que las manchas de sangre son tan adorables como pétalos de rosas. Sería incluso mejor decir que... Pero no hablaremos de esto. Ahora estoy contento. Estoy muy contento ahora. ¿Acaso no tengo derecho a estar feliz? Tu hija bailará para mí. ¿No es verdad que bailarás para mí, Salomé? Me lo prometiste.

HERODÍAS.— No permitiré que baile.

SALOMÉ.— Bailaré para ti, Tetrarca.

HERODES.— Escuchas lo que dice tu hija. Va a bailar para mí. Haces bien al bailar para mí, Salomé. Y cuando hayas bailado para mí, no olvides pedirme lo que sea que se te ocurra. Pues lo que sea que desees te lo daré, incluso la mitad de mi reino. ¿Lo he jurado, no es así?

SALOMÉ.— Lo has jurado, Tetrarca.

HERODES.— Y nunca he faltado a mi palabra. No soy de aquellos que rompen sus juramentos. Yo no sé mentir. Soy esclavo a mi palabra, y mi palabra es la de un rey. El rey de Capadocia siempre ha sido un mentiroso, pero él no es un verdadero rey. Es un cobarde. También me debe un dinero que no piensa devolverme. Incluso insultado a mis embajadores y hablado palabras ofensivas. Pero el César lo crucificará cuando vaya a Roma. Sé que el César lo crucificará. Y si no lo crucifica, de todos modos morirá, devorado por los gusanos. El profeta lo ha dicho. ¡Bueno! ¿Por qué tardas, Salomé?

SALOMÉ.— Estoy esperando a que mis esclavos me traigan los perfumes y los siete velos, y a que me quiten las sandalias. *(Los esclavos traen perfumes y los siete velos, y le quitan las sandalias a Salomé.)*

HERODES.— ¡Ah, danzarás con los pies descalzos! ¡Qué bien! ¡Qué bien! Tus pequeños pies serán como palomas blancas. Serán como pequeñas flores blancas bailando en los árboles... ¡No, no, ella va a bailar sobre sangre! Hay sangre regada en el piso. No debe bailar sobre sangre. Es un mal presagio.

HERODÍAS.— ¿Qué te importa a ti que ella baile sobre sangre? Tú ya te has hundido en ella lo suficientemente hondo...

HERODES.— ¿Qué me importa a mí? ¡Ah, mira la luna! Se ha vuelto roja. Se ha vuelto roja como la sangre. Ah, la palabra del profeta se ha cumplido. El profetizó que la luna se volvería sangre, ¿o no? Todos ustedes lo escucharon decirlo. Y ahora la luna se ha vuelto sangre ¿No lo veis?

HERODÍAS.— Oh, sí, lo veo bien, y las estrellas están cayendo como higos maduros, ¿verdad? Y el sol se está volviendo negro como un mechón de cabello, y los reyes del mundo tienen miedo. Al menos eso podemos ver. El profeta justificó sus palabras con eso al menos, porque verdaderamente los reyes de la tierra tienen miedo... Ahora entremos. Estás enfermo. Ellos dirán en Roma que estás trastornado. Que entremos, te digo.

LA VOZ DE JOKANAÁN.— ¿Quién es este que viene desde Edom, quien es este que viene de Borza, cuya vestidura está teñida de púrpura, que peca en la belleza de sus vestidos, que marcha poderoso en su grandeza? ¿Por qué su vestidura está pintada de púrpura?

HERODÍAS.— Entremos. La voz de ese hombre me trastorna. No dejaré que mi hija baile mientras ese hombre esté quejándose. No dejaré que baile mientras la mires de esa manera. En una palabra, no dejaré que baile.

HERODES.— No te levantes, mujer mía, reina mía, no ganarás nada. No entraré hasta que ella no haya bailado. Baila, Salomé, baila para mí.

HERODÍAS.— No bailes, hija mía.

SALOMÉ.— Estoy lista, Tetrarca. *(Salomé danza el baile de los siete velos.)*

HERODES.— ¡Ah, maravilloso! ¡Maravilloso! Ves que tu hija ha bailado para mí. Acércate, Salomé, acércate, para poder darte tu recompensa. ¡Ah! Yo doy recompensa de reyes a aquellos que bailan para mi goce. Te pagaré como a reina. Te daré lo que sea que tu alma quiera. ¿Qué es lo que querrás? Habla.

SALOMÉ.— *(Arrodillándose.)* Quiero que me traigan personalmente en una bandeja de plata...

HERODES.— *(Riendo.)* ¿En una bandeja de plata? Por supuesto, en una bandeja de plata. Es hermosa, ¿no es verdad? ¿Qué es lo que quieres en una bandeja de plata, oh dulce y bella Salomé, tú que eres la más bella de todas las hijas de Judea? ¿Qué es lo que deseas en una bandeja plata? Dime. Sea lo que sea, lo recibirás. Mis tesoros te pertenecen. ¿Qué es lo que quieres, Salomé?

SALOMÉ.— *(Levantándose.)* La cabeza de Jokanaán.

HERODÍAS.— ¡Ah! Bien dicho, hija mía.

HERODES.— ¡No, no!

HERODÍAS.— Bien dicho, hija mía.

HERODES.— No, no, Salomé. No es eso lo que tú deseas. No escuches la voz de tu madre. Ella siempre está dándote malos consejos. No la escuches.

SALOMÉ.— No es la voz de mi madre la que escucho. Es para mi propio deleite que pido la cabeza de Jokanaán en una bandeja de plata. Has hecho un juramento, Herodes. No olvides que has jurado.

HERODES.— Lo sé. He hecho un juramento por mis dioses. Lo sé bien. Pero te lo suplico, Salomé, pídeme otra cosa. Pídeme la mitad de mi reino, y te lo daré. Pero no me pidas lo que tus labios han pedido.

SALOMÉ.— Te pido la cabeza de Jokanaán.

HERODES.— No, no te la daré.

SALOMÉ.— Has hecho un juramento, Herodes.

HERODÍAS.— Sí, haz hecho un juramento. Todos te oyeron. Lo juraste delante de todos.

HERODES.— ¡Calla, mujer! No estoy hablando contigo.

HERODÍAS.— Mi hija ha hecho bien al pedir la cabeza de Jokanaán. Me ha cubierto de infamias. Ha dicho cosas inenarrables contra mí. Cualquiera puede ver que ella ama a su madre. No cedas, hija mía. Él ha hecho un juramento, él ha hecho un juramento.

HERODES.— ¡Paz! ¡No me hables...! Salomé, te ruego que no seas necia. Siempre he sido amable contigo, siempre te he amado... Puede ser que te haya amado demasiado. Así que, no me pidas eso. Es una petición terrible, una petición espantosa. Seguramente estás bromeando. Es aterrador ver la cabeza de un hombre cortada de su cuerpo, ¿no es cierto? No es aconsejable que los ojos de una virgen se posen sobre algo como eso. ¿Qué gozo podrías ganar con eso? No hay ningún placer que pudieras obtener. No, no, no es eso lo que deseas. Escúchame. Tengo una esmeralda, una gran y redonda esmeralda, que el enviado del César me ha traído. Cuando ves a través de ella, puedes ver lo que sucede en lugares distantes. El mismo César lleva consigo una esmeralda igual cuando va al circo. Pero mi esmeralda es más grande. Sé muy bien que es más grande. Es la esmeralda más grande del mundo. La tomarás, ¿no es verdad? Pídemela y te la daré.

SALOMÉ.— Exijo la cabeza de Jokanaán.

HERODES.— No me estás escuchando. No me estás escuchando. Déjame hablar, Salomé.

SALOMÉ.— La cabeza de Jokanaán.

HERODES.— No, no, no tendrás eso. Sólo lo dices para atormentarme, porque te he mirado toda la noche sin parar. Es verdad, te he mirado toda la noche. Tu belleza me ha perturbado. Tu belleza me ha perturbado dolorosamente, y te he mirado demasiado. Pero ya no te miraré más. No se debería mirar nada. Ni a las cosas, ni a las personas. Sólo a los espejos es bueno mirar, pues los espejos sólo nos muestran máscaras. ¡Oh, oh! ¡Traigan vino! Tengo sed... Salomé, Salomé, seamos amigos. Piensa en... ¿Ah, qué iba a decir? ¿Qué era? ¡Ah, ahora recuerdo...! Salomé; pero acércate más a mí, temo que no escuches mis palabras; Salomé, tú conoces bien mis pavos reales blancos, mis hermosos pavos reales blancos, que caminan en el jardín entre los mirtos y los altos cipreses. Sus picos están cubiertos de oro, y sus pies están manchados de púrpura. Cuando chillan atraen la lluvia, y la luna se muestra en los cielos cuando despliegan sus colas. De dos en dos caminan entre los cipreses y los negros mirtos, y cada uno tiene un esclavo propio. A veces planean a través de los árboles, y luego se recuestan sobre la hierba o alrededor de las lagunas. No hay en todo el mundo aves tan extraordinarias. Sé que ni el mismo César tiene aves tan hermosas como las mías. Te daré cincuenta de mis pavos reales. Te seguirán a donde sea que vayas, y en medio de ellos serás como la luna en el medio de una gran nube blanca... Te los daré todos. Tengo cien, y en todo el mundo no hay rey que tenga pavos reales como los míos. Pero yo te los daré todos a ti. Lo único que debes hacer es liberarme de mi juramento y no pedirme lo que tus labios han pedido. *(Vacía la copa de vino.)*

SALOMÉ.— Dame la cabeza de Jokanaán.

HERODÍAS.— ¡Bien dicho, hija mía! En cuanto a ti, suenas ridículo, hablando de tus pavos reales.

HERODES.— ¡Ah! No me estás escuchando. Serénate. Mírame a mí, ¿acaso no estoy serenado? Yo estoy totalmente serenado. Escucha. Tengo joyas escondidas en este palacio- joyas que incluso tu madre jamás ha visto; joyas que son maravillosas a la vista. Tengo un collar de perlas, dividido en cuatro hileras. Son como lunas encadenadas con rayos de plata. Son incluso como medio centenar de lunas atrapadas en una red de oro. Descansaron en el pecho de marfil de una reina. Serás tan hermosa como una reina cuando las lleves. Tengo amatistas de dos clases, una que es negra como el vino, y una que es roja como vino coloreado por agua. Tengo topacios amarillos como ojos de tigres, y topacios rosas como ojos de una paloma torcaz, y topacios verdes como ojos de gatos. Tengo ópalos que siempre arden, con una llama que es fría como el hielo, ópalos que entristecen las mentes de los hombres, y que le temen a las sombras. Tengo piedras de ónix como pupilas de mujeres muertas. Tengo piedras lunares que cambian cuando la luna cambia y que palidecen cuando ven el sol. Tengo zafiros como grandes cascarones, y tan azules como flores. El mar se agita dentro de ellos, y la luna nunca viene a perturbar el azul de sus olas. Tengo crisolitos y berilos, y crisopacios y rubíes; tengo piedras sardónicas y jacintos, y piedras calcedonias, y te las daré todas a ti, e incluso más cosas te daré. El rey de las Indias me acaba de mandar cuatro abanicos adornados con plumas de pericos, y el rey de Numidia un atuendo con plumas de avestruz. Tengo un cristal, en el que no es permitido que mujer alguna mire, y que ningún joven puede mirar a menos que haya sido golpeado con palos antes. En un cofre de nácar tengo tres asombrosas turquesas. Aquel que las usa en su frente puede imaginar cosas que no son verdad, y aquel que las usa en su muñeca puede hacer estériles a las mujeres que no lo son. Estos son tesoros sorprendentes. Son tesoros que no tienen precio. Pero esto no es todo. En un cofre de marfil tengo dos copas de ámbar que son como manzanas de oro puro. Si un enemigo vierte veneno en ellas, se convierten en manzanas de plata. En un cofre incrustado con ámbar tengo sandalias con incrustaciones de cristal. Tengo mantos que han sido traídos de la tierra de Serer, y brazaletes guarnecidos de carbunclos y con jade traído de la ciudad de Éufrates... ¿Qué más puedes desear aparte de esto, Salomé? Dime aquello que desees, y te lo daré. Todo lo que me pidas te daré, excepto una cosa. Te daré todo lo que es mío, excepto la vida de un hombre. Te daré el manto del sumo sacerdote. ¡Hasta te daré el velo sagrado del templo!

LOS JUDÍOS.— ¡Oh! ¡Oh!

SALOMÉ.— Dame la cabeza de Jokanaán.

HERODES *(Hundiéndose en su asiento.)* ¡Dadle lo que pide! En verdad es la hija de su madre. *(El primer soldado se acerca, Herodías retira de la mano del Tetrarca el anillo de la muerte, y se lo da al soldado, quien de inmediato se lo muestra al verdugo. El verdugo parece atemorizado.)* ¿Quién ha tomado mi anillo? Había un anillo en mi mano derecha. ¿Quién ha bebido mi vino? Había vino en mi copa. Estaba llena de vino. ¡Alguien lo bebió! ¡Oh! Indudablemente algún mal caerá sobre alguien. *(El verdugo se dirige directo a la cisterna.)* ¡Ah! ¿Por qué hice ese juramento? Que a partir de este momento ningún rey haga juramento alguno. Si no cumple, es terrible, y si lo cumple, es terrible también.

HERODÍAS.— Mi hija ha hecho bien.

HERODES.— Estoy seguro de que alguna desgracia ocurrirá.

SALOMÉ.— *(Se inclina sobre la cisterna y escucha.)* No oigo nada. ¿Por qué ese hombre no grita? ¡Ah! Si alguien quisiera matarme, yo gritaría, me defendería, no lo permitiría... Hazlo, Naamán, hazlo ya, te digo... No, no escucho nada. Solo hay silencio, un terrible silencio. ¡Oh!, algo ha caído al suelo. Escuché que algo cayó. Tiene miedo, este esclavo. ¡Este esclavo es un cobarde! Envíen soldados. *(Salomé mira al paje de Herodías y le habla.)* Ven aquí. Tú eras amigo de aquel que murió, ¿verdad? Bueno, yo digo que aún no hay suficientes muertos. Ve con los soldados y ordénales que bajen y me traigan lo que pido, aquello que el Tetrarca me ha prometido, aquello que es mío. *(El paje retrocede. Ella se vuelve hacia los soldados.)* Aquí, soldados. Bajen a la cisterna y tráiganme la cabeza de ese hombre. Tetrarca, Tetrarca, ordénales a tus soldados que me traigan la cabeza de Jokanaán. *(Un enorme brazo negro, el brazo del verdugo, sale de la cisterna, trayendo en una bandeja de plata la cabeza de Jokanaán. Salomé la levanta. Herodes oculta su rostro en su túnica. Herodías sonríe y se abanica.*

Los nazarenos caen de hinojos y comienzan a orar.) ¡Ah!, no me permitías besar tu boca, Jokanaán. ¡Bueno! Ahora la besaré. La morderé con mis dientes como se muerde un fruto maduro. Sí, besaré tu boca, Jokanaán. Lo dije; ¿acaso no fue así? Lo dije. ¡Ah! La besaré ahora... ¿Pero por qué no me miras, Jokanaán? Tus ojos que eran tan terribles, que estaban tan llenos de rabia y de desprecio, ahora están cerrados. ¿Por qué están cerrados? ¡Abre los ojos! ¡Levanta tus párpados, Jokanaán! ¿Por qué no quieres mirarme? ¿Acaso me temes, Jokanaán, y por eso no me miras...? Y tu lengua, que era como una roja serpiente escupiendo veneno, ya no se mueve, ya no suelta palabras, Jokanaán, esa víbora escarlata que expulsó su veneno sobre mí. ¿Es extraño, verdad? ¿Cómo es que la roja víbora ya no se mueve...? No querías tener nada conmigo, Jokanaán. Me rechazaste. Dijiste cosas terribles contra mí. ¡Hablaste de mí como si fuera una ramera, como a una mujer perdida, a mí, Salomé, hija de Herodías, princesa de Judea! Bueno, yo aún estoy en el mundo de los vivos, pero tú estás muerto, y tu cabeza me pertenece ahora. Puedo hacer con ella lo que me plazca. Puedo arrojarla a los perros y a las aves del cielo. Lo que los perros dejen, las aves devorarán... ¡Ah, Jokanaán, Jokanaán, eras el único hombre que amé! Todos los otros me resultaban un aburrimiento. ¡Pero tú eras hermoso! Tu cuerpo era una columna de marfil alzada sobre bases plateadas. Era un jardín lleno

de palomas y lilas de plata. Era una torre de plata guarnecida con escudos de marfil. No había nada en el mundo tan blanco como tu cuerpo. No había nada en el mundo tan negro como tu cabello. Y en todo el mundo no había nada tan rojo como tu boca. Tu voz era un incensario que irradiaba extraños perfumes, y cuando te miraba escuchaba una curiosa música. ¡Ah! ¿Por qué no me miraste, Jokanaán? Tras el manto de tus manos y tras el manto de tus blasfemias ocultaste tu rostro. Pusiste sobre tus ojos la venda de aquel que quiere ver a su dios. Bueno, ya has visto a tu dios, Jokanaán, pero a mí, a mí, tú nunca me viste. Si me hubieras visto me habrías amado. Yo te vi, y te amé. ¡Oh, cuanto te amé! Aun te amo, Jokanaán, sólo te amo a ti... Estoy ansiosa de tu belleza; estoy hambrienta de tu cuerpo; y ni el vino ni las manzanas pueden aplacar mi deseo. ¿Qué haré ahora, Jokanaán? Ahora que ni los diluvios ni los grandes océanos pueden calmar mi pasión. Yo era una princesa, y tú me repudiaste. Yo era una virgen, y tú me despojaste la pureza. Yo era casta, y tú llenaste mis venas con fuego... ¡Ah! ¿Por qué no me miras? Si me hubieras visto me habrías amado. Sé muy bien que me habrías amado, y el misterio del amor es más grande que el misterio de la muerte.

HERODES.— Es monstruosa, tu hija; te digo que es monstruosa. En verdad, lo que ha hecho es un terrible crimen, estoy seguro de que es un crimen contra algún dios desconocido.

HERODÍAS.— Estoy complacida con mi hija. Ha hecho bien. Y ahora me quedaré aquí.

HERODES.— *(Levantándose.)* ¡Ah! ¡Ahí habla la esposa de mi hermano! ¡Ven! No pienso quedarme en este lugar. Ven, te digo. Indudablemente algo terrible pasará. Manasseh, Issachar, Ozias, retiren las antorchas. No quiero ver nada, no dejaré que nada me vea. ¡Retiren las antorchas! ¡Escondan la luna! ¡Escondan las estrellas! Escondámonos en nuestro palacio, Herodías. Empiezo a temer *(Los soldados quitan las antorchas. Las estrellas desaparecen. Una gran nube cruza la luna y la oculta por completo. El escenario se vuelve muy oscuro. El Tetrarca comienza a subir las escaleras.)*

LA VOZ DE SALOMÉ.— ¡Ah! Besé tu boca, Jokanaán, besé tu boca. Había un sabor amargo en tus labios. ¿Era el sabor de la sangre...? Puede ser, aunque tal vez era el sabor del amor... Dicen que el amor tiene un sabor amargo... ¿Pero qué importa? ¿Qué importa? Besé tu boca, Jokanaán, besé tu boca. *(Un rayo de luna cae sobre Salomé y la ilumina.)*

HERODES.— *(Dándose la vuelta y viendo a Salomé.)* ¡Maten a esa mujer! *(Los soldados se abalanzan y aplastan con sus escudos a Salomé, hija de Herodías, princesa de Judea.)*

Telón

FIN

Una mujer sin importancia

PERSONAJES

Lord Illingworth

Sir John Pontefract

Lord Alfred Rufford

Mr. Kelvil, *Miembro del Parlamento*

El archidiácono Daubeny

Gerald Arbuthnot

Farquhar, *Mayordomo*

Francis, *Criado*

Lady Hunstanton

Lady Caroline Pontefract

Lady Stutfield

Mrs. Allonby

Miss Hester Worsley

Alice. *Doncella*

Mrs. Arbuthnot

TIEMPO

La presente (del autor)

La obra transcurre en veinticuatro horas.

ACTO PRIMERO

Exterior. Campos frente a la terraza de Hunstanton Chase.

Sir John, Lady Caroline Pontefract y Miss Worsley están sentados en unas sillas debajo de un frondoso árbol.

LADY CAROLINE.— ¿Ésta es la primera vez que se hospeda en una casa de campo inglesa, verdad señorita Worsley?

HESTER.— Así es, Lady Caroline.

LADY CAROLINE.— ¿Ustedes tienen casas de campo en América?

HESTER.— No, no muchas.

LADY CAROLINE.— ¿Tienen campos? ¿De esos lugares como los que aquí llamamos campo?

HESTER.— *(Sonríe)* ¡Claro! Tenemos los campos más extensos del mundo, Lady Caroline. En la escuela nos enseñan que algunos de nuestros Estados son tan grandes como Francia e Inglaterra juntas.

LADY CAROLINE.— ¡Ah! De seguro me encantarían. Deben ser muy frescos y ventilados. *(A sir John.)* John, debías ponerte una bufanda. ¿Para qué me paso la vida tejiéndote bufandas, si después no las usas?

SIR JOHN.— Hace calor, Caroline; hace calor...

LADY CAROLINE.— No lo creo, John. Bueno, señorita Worsley, no podría haber venido usted a un lugar más hermoso que éste, aunque la casa sea bastante húmeda, y la querida Lady Hunstanton a veces no esté muy acertada en la elección de sus invitados. (A SIR JOHN.) Mezcla demasiado. Lord Illingworth es un hombre distinguido, y es un privilegio conocerlo. Y el miembro del parlamento, el señor Kettle...

SIR JOHN.— Kelvil, querida; Kelvil.

LADY CAROLINE.— Debe ser muy respetable. Nunca se lo ha escuchado nombrar, lo cual habla muy bien de cualquier persona en estos tiempos. Pero la señora Allonby… Ella sí que no parece ser una mujer muy… como decirlo… muy decente.

HESTER.— Es cierto Lady Caroline. Coincido con usted. No me cae nada bien esa señora. Me parece muy desagradable.

LADY CAROLINE.— Señorita Worsley, los extranjeros como usted no deberían dejarse llevar por sus simpatías o antipatías hacia las personas a quienes están invitadas a conocer. La señora Allonby es de buena familia. Es sobrina de Lord Brancaster. Dicen que se escapó dos veces antes de casarse, es verdad. Pero no debemos dejarnos llevar por ese tipo de habladurías. No creo que se haya escapado más de una vez.

HESTER.— El señor Arbuthnot sí que me parece encantador.

LADY CAROLINE.— ¡Ah, sí! Ese muchacho, empleado de un banco, al que Lord Illingworth parece apreciar mucho. Lady Hunstanton ha sido muy generosa al invitarlo. Aunque me pregunto si ha hecho bien en sacarlo de su clase. Cuando yo era joven, señorita Worsley, no se juntaba una en sociedad con personas que necesitaran trabajar para vivir. No estaba bien visto.

HESTER.— En América, ésas son las personas a las que más respetamos.

LADY CAROLINE.— No lo dudo.

HESTER.— El señor Arbuthnot tiene un carácter excelente. Es simple, sincero… Tiene una personalidad tan agradable. Es una suerte conocerlo.

LADY CAROLINE.— No se acostumbra, en Inglaterra, señorita Worsley, que una muchacha hable con tanto entusiasmo de una persona del sexo opuesto. Las mujeres inglesas ocultan sus sentimientos hasta después de casarse. Y sólo en ese momento los muestran.

HESTER.— ¿En Inglaterra no se admite que un muchacho y una muchacha puedan ser amigos?

(Entra Lady Hunstanton, seguida por un criado cargado con chales y un almohadón.)

LADY CAROLINE.— Consideramos ese tipo de amistad, como poco recomendable. ¡Jane! Justamente hablábamos de la hermosa reunión que has organizado. Tienes un tacto maravilloso para elegir a tus invitados. Realmente es un don.

LADY HUNSTANTON.— ¡Qué amable de tu parte, querida Caroline! Creo que nos llevaremos muy bien. Y espero que nuestra encantadora invitada americana se lleve buenos recuerdos de la vida de campo inglesa. (Al criado.) El almohadón por aquí, Francis. Y mi chal. El de Shetland… Tráigame el de Shetland.

(Sale el criado. Entra Gerald Arbuthnot.)

GERALD.— ¡Lady Hunstanton, tengo una muy buena noticia para contarle! Lord Illingworth me acaba de proponer que sea su secretario particular.

LADY HUNSTANTON.— ¿Su secretario? Es una muy buena noticia, Gerald. ¡Felicitaciones! Creo que tendrá usted un magnífico futuro. Su madre se pondrá muy contenta. Debo convencerla de que venga esta noche a compartir un rato con todos nosotros. ¿Cree usted que accederá, Gerald? Sé que es difícil hacerla ir a cualquier parte.

GERALD.— ¡Oh! Seguro que accederá, Lady Hunstanton. Cuando se entere de la noticia, de que Lord Illingworth me ha ofrecido ser su secretario, estoy seguro que accederá.

(Entra el criado con el chal.)

LADY HUNSTANTON.— Le escribiré contándole la noticia y le rogaré que venga a ver a Lord Illingworth. *(Al criado.)* Francis, espere un momento. *(Se pone a escribir la carta.)*

LADY CAROLINE.— Es una gran oportunidad para un muchacho como usted, señor Arbuthnot.

GERALD.— Sí lo es, Lady Caroline. Espero hacer un buen trabajo.

LADY CAROLINE.— Yo también lo espero.

GERALD.— *(A Hester.)* ¿Y usted? ¿No me felicita señorita Worsley?

HESTER.— ¿Usted está contento?

GERALD.— ¡Lo estoy, claro que sí! Ese puesto significa mucho para mí. Cosas que sólo formaban parte de mi imaginación, ahora tengo la esperanza de poder alcanzarlas.

HESTER.— Nada debería estar por fuera de la esperanza de una persona. La vida es esperanza.

LADY HUNSTANTON.— Según entiendo, Caroline, a Lord Illingworth le interesa la diplomacia. He oído decir que le han ofrecido ir a Viena. Pero puede que no sea así.

LADY CAROLINE.— No creo que un hombre soltero deba representar a Inglaterra en el extranjero, Jane. Eso podría traer problemas.

LADY HUNSTANTON.— Eres demasiado temerosa, Caroline. Demasiado. Además, Lord Illingworth puede casarse en cualquier momento. A mí me hubiera gustado que lo hiciera con Lady Kelso. Pero creo que él dijo que tenía una familia demasiado grande. ¿O unos pies demasiado grandes? No recuerdo. Una pena. Lady Kelso estaba hecha para ser la esposa de un embajador.

LADY CAROLINE.— Es cierto. Tenía una gran habilidad para recordar los nombres de las personas y olvidar sus rostros.

LADY HUNSTANTON.— Bueno, eso es algo natural, ¿no es así? *(Al criado.)* Dile a Henry que espere la respuesta. Gerald, le he escrito unas líneas a su querida madre contándole la buena noticia y rogándole que venga a cenar con nosotros.

(El criado se va.)

GERALD.— Es muy amable de su parte, Lady Hunstanton. *(A Hester.)* ¿Quiere dar un paseo, señorita Worsley?

HESTER.— Con mucho gusto. *(Sale con Gerald.)*

LADY HUNSTANTON.— Estoy muy contenta de la buena suerte de Gerald Arbuthnot. Es un protegido mío. Me pone contenta sobre todo que Lord Illingworth le haya ofrecido ese puesto sin que yo haya tenido que sugerir nada. A nadie le gusta que le pidan esos favores. Recuerdo a la pobre Charlotte Pagden que se hizo odiar durante una reunión en la que intentaba recomendarle a todo el mundo una institutriz francesa que no sé de donde la conocía.

LADY CAROLINE.— Conocí a esa institutriz, Jane. Lady Pagden me la envió, antes de que Eleanor fuera presentada en sociedad. Era demasiado llamativa, demasiado guapa para una casa respetable. No me extraña que Lady Pagden estuviera buscando deshacerse de ella a toda costa.

LADY HUNSTANTON.— ¡Ah, con razón!

LADY CAROLINE.— John, el pasto está demasiado húmedo, ¿Por qué no vas a ponerte algo en los pies?

SIR JOHN.— Estoy bien, Caroline; no te preocupes.

LADY CAROLINE.— Sé más que tú de esto, John. Por favor, te ruego que me hagas caso y vayas a ponerte algo en los pies…

(John se levanta y se va.)

LADY HUNSTANTON.— Lo mimas demasiado Caroline, realmente demasiado. *(Entran la señora Allonby y Lady Stutfield.) (Dirigiéndose a la señora Allonby.)* Bueno querida… ¿Te ha gustado el parque? Es famoso por su linda arboleda.

MISTRESS ALLONBY.— Los árboles son maravillosos, Lady Hunstanton.

LADY STUTFIELD.— Son realmente maravillosos.

MISTRESS ALLONBY.— Sin embargo, creo que si viviera en el campo seis meses seguidos me volvería una criatura muy insignificante y sencilla, me perderían de vista, ya nadie se fijaría en mí.

LADY HUNSTANTON.— Le aseguro, querida, que el campo no produce ese efecto. A sólo dos millas de aquí, en Melthorpe, hace poco tiempo se fugó Lady Belton con Lord Fethersdale. Recuerdo muy bien ese hecho. Lord Belton, pobre, murió tres días después de la fuga. Murió de alegría, o de gota, no recuerdo. Aquí estábamos celebrando una gran reunión con muchos invitados, recuerdo que nos interesamos mucho en el tema.

MISTRESS ALLONBY.— Yo creo que fugarse, en casos como ese, es un acto de cobardía. Es huir del peligro. ¡Y es tan raro encontrar algo de peligro en esta vida moderna!

LADY CAROLINE.— Por lo que veo, las jóvenes de ahora parecen estar siempre persiguiendo el peligro. El único fin de sus vidas parece ser el de jugar con fuego.

MISTRESS ALLONBY.— Una de las ventajas de jugar con fuego, Lady Caroline, es que una aprende a no quemarse. Se queman sólo los que no saben jugar con él.

LADY STUTFIELD.— Sí, ya veo... Es bastante práctico...

LADY HUNSTANTON.— No sé cómo funcionaría el mundo si siguiera una teoría como esa, mi querida Allonby.

LADY STUTFIELD.— ¡Ah! El mundo ha sido creado para los hombres, no para las mujeres.

MISTRESS ALLONBY.— ¡Oh, no diga eso, Lady Stutfield! Estamos en un tiempo que nos beneficia más a nosotras que a ellos. Hay muchas más cosas prohibidas para nosotras, que para ellos.

LADY STUTFIELD.— Es cierto. No lo había pensado así.

(Entran Sir John y Mister Kelvil.)

LADY HUNSTANTON.— ¿Señor Kelvil, terminó su trabajo?

KELVIL.— Sí, he terminado mis escritos del día, Lady Hunstanton. Ha sido agotador. A los hombres públicos se les exige en la actualidad una grandísima parte de su tiempo. Y no creo que se nos reconozca del todo.

LADY CAROLINE.— John, ¿te pusiste algo en los pies?

SIR JOHN.— Sí, querida...

LADY CAROLINE.— Creo que estarías mejor aquí, John. Hay mayor reparo, está más al abrigo.

SIR JOHN.— Estoy bien, Caroline.

LADY CAROLINE.— No lo creo, John. Estarías mejor si te sentaras cerca de mí. Ven a mi lado.

(Sir John se levanta y cruza la escena.)

LADY STUTFIELD.— ¿Y sobre qué ha estado escribiendo esta mañana, señor Kelvil?

KELVIL.— Lo habitual, Lady Stutfield. He estado escribiendo sobre La Pureza.

LADY STUTFIELD.— Un tema interesante, muy interesante sobre el cual escribir.

KELVIL.— Es un tema realmente importante, y yo diría, el único tema que tiene hoy en día relevancia mundial, Lady Stutfield. Intento enviar un escrito a mis electores sobre este tema, antes de que el Parlamento se reúna. Creo que las clases más pobres del país están demostrando deseos de adquirir un ideal ético más elevado.

LADY STUTFIELD.— Eso está muy bien.

LADY CAROLINE.— ¿Usted está a favor de que las mujeres participen en política, señor Kettle?

SIR JOHN.— Kelvil, querida; Kelvil.

KELVIL.— La creciente influencia femenina en nuestra vida política es completamente tranquilizadora, Lady Caroline. Las mujeres siempre están del lado de la moralidad, tanto pública como privada.

LADY STUTFIELD.— ¡Es muy gratificante oírle decir eso!

LADY HUNSTANTON.— ¡Ah, sí! Las cualidades morales que las mujeres tienen son de gran importancia. Me temo, Caroline, que nuestro querido Lord Illingworth no aprecia tanto como debiera estas cualidades morales propias de las mujeres.

(Entra Lord Illingworth.)

LADY STUTFIELD.— Dicen que es un hombre muy malo y perverso.

LORD ILLINGWORTH.— ¿Quién dice eso, Lady Stutfield? Debe ser gente de otro mundo o del futuro. Este mundo y yo, tenemos una relación excelente. *(Se sienta al lado de Mistress Allonby.)*

LADY STUTFIELD.— Todas las personas que yo conozco aseguran eso. Que es usted muy malo y perverso.

LORD ILLINGWORTH.— Es monstruosa la manera en la que la gente actúa hoy en día, hablando mal del prójimo a sus espaldas y diciendo cosas que son completa y absolutamente ciertas.

LADY HUNSTANTON.— Este Lord Illingworth es un caso perdido, Lady Stutfield. Es incorregible. Habría que fundar una Compañía pública con un Consejo de Administración y un secretario a sueldo para poder corregirlo. Pero usted ya tiene secretario, ¿verdad, Lord Illingworth? Gerald Arbuthnot nos ha contado la buena noticia; eso demuestra lo bondadoso que es usted.

LORD ILLINGWORTH.— ¡Oh, no diga eso, Lady Hunstanton! La palabra «bondad» es terrible. Siento una gran simpatía por el joven Arbuthnot desde que lo conocí y me será de mucha ayuda en algunos asuntos en los que soy bastante torpe.

LADY HUNSTANTON.— Es admirable ese muchacho. Y su madre es una de mis más queridas amigas. Él acaba de marcharse a pasear con nuestra linda invitada americana. Es muy bonita ¿verdad?

LADY CAROLINE.— Muy bonita. Esas jóvenes americanas acaparan todos los buenos partidos. Deberían quedarse en su país. Se la pasan repitiéndonos que es el paraíso de las mujeres.

LORD ILLINGWORTH.— ¡Y lo es! Por eso precisamente, se escapan de allí, como Eva.

LADY CAROLINE.— ¿Quiénes son los padres de la señorita Worsley?

LORD ILLINGWORTH.— Las mujeres americanas tienen una gran habilidad para ocultar a sus padres.

LADY HUNSTANTON.— ¿Qué quiere decir con eso, Lord Illingworth? La señorita Worsley es huérfana, Caroline. Creo que su padre era un millonario opulento o filántropo, o ambas cosas a la vez, que hospedó a mi hijo cuando estuvo en

Boston. Lo que no tengo en claro es de qué manera hizo su fortuna.

KELVIL.— Supongo que habrá sido en base a los géneros americanos.

LADY HUNSTANTON.— ¿Qué es eso de los "géneros americanos"?

LORD ILLINGWORTH.— Las novelas americanas.

LADY HUNSTANTON.— Ah, mire usted... ¡Qué notable!... Bueno... Sea de donde sea que provenga su fortuna, tengo un gran aprecio por la señorita Worsley. Se viste muy bien, además, ¿no? como todas las americanas. Compran sus vestidos en París.

MISTRESS ALLONBY.— Se dice que cuando los americanos buenos mueren, van a París, Lady Hunstanton.

LADY HUNSTANTON.— ¿Sí? ¿Y los americanos malos?

LORD ILLINGWORTH.— ¿Cuándo mueren? ¡Oh! Esos se quedan en América.

KELVIL.— Veo, Lord Illingworth, que usted no aprecia a América como se merece. Es un país muy notable, sobre todo si uno tiene en cuenta su juventud.

LORD ILLINGWORTH.— La juventud de América es su más antigua tradición: tradición que tiene actualmente unos trescientos años. Cuando uno los oye hablar parece que estuvieran en su primera infancia. Pero en lo que a civilización se refiere, se hallan en otro lugar... más o menos... en su segunda infancia.

KELVIL.— Usted está haciendo referencia a que hay mucha corrupción en la política americana, ¿verdad?

LORD ILLINGWORTH.— Yo... Les desconfío...

LADY HUNSTANTON.— Hasta donde me han dicho, la política es una cosa bastante triste en todas partes. En Inglaterra, desde luego que lo es. El querido señor Cardew está arruinando al país. Me extraña que la señora Cardew no le diga nada. Creo no equivocarme, Lord Illingworth, si afirmo que lo que a usted no le agrada es la idea de que a la gente inculta se le permita votar.

LORD ILLINGWORTH.— ¡Creo que son los únicos que deberían votar!

KELVIL.— ¿Usted tiene una postura definida en la política moderna, Lord Illingworth?

LORD ILLINGWORTH.— No habría que tener una postura definida en nada, señor Kelvil. Posicionarse de manera definida implica, luego, tener que ser sincero, e inmediatamente después se comienza a ser serio, y ahí, el ser humano se vuelve aburrido. De todas maneras, la Cámara de los Comunes no es muy dañina. No puede hacer que la gente sea buena sancionando una ley en el Parlamento.

KELVIL.— No puede usted negar que la Cámara de los Comunes ha demostrado siempre una gran simpatía por los sufrimientos de los que menos tienen.

LORD ILLINGWORTH.— Ése es su vicio más característico: ése es el vicio que caracteriza nuestra época. Deberíamos simpatizar con la alegría, la belleza, el color de la vida. Cuanto menos se hable de los defectos del mundo, mejor, señor Kelvil.

KELVIL.— Sin embargo, el problema de nuestro barrio, el East-End parece ser muy importante.

LORD ILLINGWORTH.— Exacto. Es el problema de la esclavitud. Pero ese problema, deberíamos intentar resolverlo divirtiendo a los esclavos…

LADY HUNSTANTON.— Es verdad que se pueden conseguir grandes resultados con distracciones baratas, como usted dice, Lord Illingworth. El querido archidiácono Daubeny, nuestro párroco, organiza durante el invierno, junto a sus vicarios, recreos verdaderamente admirables para los pobres. Y puede hacerse mucho bien con una linterna mágica, o cualquier otra diversión popular por el estilo.

LADY CAROLINE.— No comparto en absoluto la idea de divertir a los pobres, Jane. Hay que conseguirles mantas y carbón, eso es todo lo que les hace falta. Hay, hoy en día, mucho amor al placer entre las clases altas. Pero lo que realmente se desea en la vida moderna es una cosa: Salud. El color de esta gente no es para nada sano.

KELVIL.— Estoy de acuerdo con usted, Lady Caroline. Tiene usted toda la razón.

LADY CAROLINE.— Gracias. Generalmente tengo razón.

MISTRESS ALLONBY.— ¿Salud? ¡Qué palabra tan horrible!

LORD ILLINGWORTH.— La palabra más tonta de nuestra lengua. Ya se sabe la idea que se hace la plebe sobre la salud. El caballero rural inglés montando tras un zorro: lo inexplicable persiguiendo a lo incomible.

KELVIL.— Lord Illingworth, me ataca una duda... ¿Usted considera a la Cámara de los Lores como una institución mejor que la Cámara de los Comunes?

LORD ILLINGWORTH.— Naturalmente. Nosotros, los miembros de la Cámara de los Lores, nunca estamos en contacto con la opinión pública. Eso hace que seamos mucho más civilizados.

KELVIL.— ¿Usted está hablando en serio?

LORD ILLINGWORTH.— Completamente, señor Kelvil. (A MISTRESS ALLONBY.) ¡Qué costumbre más ordinaria tiene la gente hoy en día, de preguntar, cuando uno expone una idea, si está uno hablando seriamente o no! Lo único serio es la pasión. La inteligencia no es una cosa seria, nunca lo fue. Es un instrumento sobre el que se toca y nada más. La única inteligencia seria que yo conozco es la británica. Y sobre ella los ignorantes tocan el tambor.

LADY HUNSTANTON.— ¿Qué dice, Lord Illingworth, del tambor?

LORD ILLINGWORTH.— Hablaba simplemente a la señora Allonby de los artículos principales de los diarios londinenses.

LADY HUNSTANTON.— Pero ¿usted cree todo lo que se escribe en los periódicos?

LORD ILLINGWORTH.— Lo creo. Hoy en día sólo ocurre lo ilegible. *(Se levanta con Mistress Allonby.)*

LADY HUNSTANTON.— ¿Usted se marcha, señora Allonby?

MISTRESS ALLONBY.— Voy hasta el invernadero. Esta mañana, Lord Illingworth, me ha dicho que allí hay una orquídea tan bella como los siete pecados capitales.

LADY HUNSTANTON.— Espero que no haya nada de eso, querida. O tendré que hablar con el jardinero.

(Salen Mistress Allonby y Lord Illingworth.)

LADY CAROLINE.— Gran mujer la señora Allonby.

LADY HUNSTANTON.— A veces se deja llevar por su inteligente lengua.

LADY CAROLINE.— ¿Es la única cosa por la que se deja llevar, Jane?

LADY HUNSTANTON.— Creo que sí, Caroline. *(Entra Lord Alfred.)* ¡Querido Lord Alfred! Venga con nosotras. *(Lord Alfred se sienta al lado de Lady Stutfield.)*

LADY CAROLINE.— Siempre tienes una buena opinión del prójimo, Jane. Ese es un gran defecto hoy en día.

LADY STUTFIELD.— Lady Caroline, ¿usted cree que deberíamos desconfiar de todos? ¿Deberíamos tener una mala opinión sobre todo el mundo?

LADY CAROLINE.— Me parece mucho más seguro, Lady Stutfield. Sólo hasta llegar a saber que alguien es bueno. Pero eso, hoy en día, requiere una gran investigación.

LADY STUTFIELD.— ¡Pero existen tantas difamaciones en esta vida moderna!

LADY CAROLINE.— Lord Illingworth me contaba anoche, en la cena, que en la base de toda difamación hay una certeza completamente inmoral.

KELVIL.— ¡Oh! Lord Illingworth es un hombre brillante, pero creo que carece de esa hermosa fe en la nobleza y en la pureza de la vida, que es tan importante en nuestro siglo.

LADY STUTFIELD.— Sí, importantísima, ¿verdad?

KELVIL.— Me parece un hombre que no aprecia mucho la belleza de nuestra vida doméstica inglesa. Hasta diría que está influenciado por las erróneas ideas que en el extranjero tienen sobre nosotros.

LADY STUTFIELD.— No hay nada más hermoso que nuestra vida doméstica, ¿verdad?

KELVIL.— Es la base en la cual se funda nuestro sistema moral inglés, Lady Stutfield. Sin esta vida doméstica, nos volveríamos semejantes a nuestros vecinos.

LADY STUTFIELD.— Eso sería muy muy triste...

KELVIL.— Así es. Igualmente me temo que Lord Illingworth considere a las mujeres como a un juguete. Yo nunca las he considerado así. La mujer es auxiliar y compañera intelectual del hombre, ya sea en la vida pública o en la privada. Sin ella olvidaríamos nuestros verdaderos ideales. *(Se sienta al lado de Lady Stutfield.)*

LADY STUTFIELD.— Me alegra mucho oírle hablar de esa manera.

LADY CAROLINE.— ¿Usted está casado, señor Kettle?

SIR JOHN.— Kelvil, querida; Kelvil.

KELVIL.— Sí, lo estoy, Lady Caroline.

LADY CAROLINE.— ¿Tiene familia?

KELVIL.— Tengo.

LADY CAROLINE.— ¿Cuántos hijos tiene?

KELVIL.— Ocho.

(Lady Stutfield dirige su atención a Lord Alfred.)

LADY CAROLINE.— ¿La señora Kelvil y los niños están en la playa? (Sir John se encoge de hombros.)

KELVIL.— Así es. Mi mujer está en la playa con los niños, Lady Caroline.

LADY CAROLINE.— Usted irá después a reunirse con ellos, ¿verdad?

KELVIL.— Si mis obligaciones de hombre público me lo permiten, eso es lo que haré.

LADY CAROLINE.— Su vida pública debe ser un motivo de gran alegría para la señora Kettle…

SIR JOHN.— Kelvil, querida; Kelvil.

LADY STUTFIELD.— *(Dirigiéndose a Lord Alfred.)* Qué encantadores son sus cigarrillos de boquilla dorada, Lord Alfred.

LORD ALFRED.— Cuestan un dineral. Debo endeudarme para comprarlos.

LADY STUTFIELD.— ¡Debe ser terrible eso de tener deudas!

LORD ALFRED.— Hay que buscar algo en lo que ocuparse. Sin mis deudas no tendría nada con que distraerme. Creo que todos los hombres que conozco tienen deudas.

LADY STUTFIELD.— ¿Pero sus acreedores no le causan molestias?

(Entra el criado.)

LORD ALFRED.— ¡Oh, no! Tenemos una buena relación. Ellos me escriben, y yo no.

LADY STUTFIELD.— ¡Qué raro!

LADY HUNSTANTON.— ¡Ah!, Caroline, aquí está la carta de la querida señora Arbuthnot. Dice que no podrá venir a cenar, pero vendrá después, algún día. Me alegro muchísimo. Es una de las mujeres más dulces que conozco. ¡Y qué hermosa letra tiene!, ¡tan grande y firme! *(Le pasa la carta a Lady Caroline.)*

LADY CAROLINE.— *(Mirando la carta.)* Le falta feminidad. Y es la cualidad que más admiro en las mujeres.

LADY HUNSTANTON.— *(Toma nuevamente la carta y la coloca sobre la mesa.)* ¡Oh! Es muy femenina Caroline, y muy buena además. ¡Si supieras lo bien que habla de ella el Archidiácono! La considera casi como su brazo derecho en la parroquia. *(El criado le habla.)* En el salón amarillo... ¿Vamos adentro, Lady Stutfield? Vamos, vamos todos adentro a tomar el té.

LADY STUTFIELD.— Con mucho gusto, Lady Hunstanton. *(Se levantan todos para retirarse. Sir John se ofrece a llevar la capa de Lady Stutfield.)*

LADY CAROLINE.— John, ¿Si dejas a tu sobrino ocuparse de la capa de Lady Stutfield, y me llevas mi cesto de costura?

(Entran Mistress Allonby y Lord Illingworth.)

SIR JOHN.— Desde luego, mi amor. *(Se retiran.)*

MISTRESS ALLONBY.— Qué curioso: Las mujeres feas siempre están celosas de sus maridos. Las mujeres bonitas ¡jamás!

LORD ILLINGWORTH.— Las mujeres bonitas no tienen tiempo para estar celosas de sus maridos, están siempre ocupadas en estar celosas de los maridos de las demás.

MISTRESS ALLONBY.— Creí que Lady Caroline ya se había cansado de esas pequeñas preocupaciones conyugales. Pero parece que no. Sir John es su cuarto marido.

LORD ILLINGWORTH.— No está bien casarse tantas veces. Veinte años de noviazgo hacen que una mujer parezca una ruina, pero veinte años de matrimonio la convierten en algo así como un edificio público.

MISTRESS ALLONBY.— ¡Veinte años de noviazgo! ¿Existe eso?

LORD ILLINGWORTH.— En nuestros días... no. Las mujeres han llegado a ser muy inteligentes, muy ocurrentes e ingeniosas, y nada hecha a perder tanto un noviazgo como el humor de una mujer.

MISTRESS ALLONBY.— O la carencia de humor en un hombre.

LORD ILLINGWORTH.— Es verdad. En un templo, salvo el objeto al cual se rinde culto, todo el mundo debe estar serio.

MISTRESS ALLONBY.— ¿Y el objeto de culto, desde su punto de vista, vendría a ser el hombre?

LORD ILLINGWORTH.— Las mujeres se arrodillan con mucha gracia para adorar; los hombres no.

MISTRESS ALLONBY.— ¡Usted está pensando en Lady Stutfield!

LORD ILLINGWORTH.— ¡Le aseguro que no! Hace un cuarto de hora que no pienso en Lady Stutfield.

MISTRESS ALLONBY.— ¿Ella es un misterio tan grande?

LORD ILLINGWORTH.— Es más que un misterio... es un capricho.

MISTRESS ALLONBY.— Los caprichos no duran.

LORD ILLINGWORTH.— Ése es su principal encanto.

(Entran Hester y Gerald.)

GERALD.— Lord Illingworth, todo el mundo me ha felicitado, Lady Hunstanton y Lady Caroline... todos. Espero ser un buen secretario.

LORD ILLINGWORTH.— Usted será un secretario modelo, Gerald. *(Habla con Gerald.)*

MISTRESS ALLONBY.— ¿A usted le agrada la vida en el campo señorita Worsley?

HESTER.— Sí, me encanta.

MISTRESS ALLONBY.— ¿Le interesa asistir a una comida de sociedad en Londres?

HESTER.— No me gustan las comidas de sociedad londinenses, señora Allonby. Me disculpo.

MISTRESS ALLONBY.— Yo las adoro. En esas comidas los inteligentes no escuchan nunca, y la gente estúpida no habla jamás.

HESTER.— Creo que la gente estúpida habla mucho.

MISTRESS ALLONBY.— ¡Ah! ¡Yo nunca la escucho!

LORD ILLINGWORTH.— Hijo mío, si usted no me agradara yo no le habría hecho ningún ofrecimiento como el que le hice. Es porque lo estimo, que quiero tenerlo conmigo. *(Hester sale con Gerald.)* ¡Qué muchacho encantador este Gerald Arbuthnot!

MISTRESS ALLONBY.— Es muy agradable ¿verdad? A la que no soporto es a esa joven americana.

LORD ILLINGWORTH.— ¿Por qué no la soportas?

MISTRESS ALLONBY.— Ayer, en voz muy alta, me dijo que no tenía más que dieciocho años. Eso fue muy molesto.

LORD ILLINGWORTH.— No debería permitírsele a una mujer decir su verdadera edad. Una mujer que dice eso, es capaz de decir todo.

MISTRESS ALLONBY.— Además es una puritana...

LORD ILLINGWORTH.— ¡Ah! Eso sí que es indisculpable. No importa si una mujer fea es además puritana. Es la única excusa que tiene por ser fea. ¡Pero ella es muy bonita! *(Mira fijamente a Mistress Allonby.)*

MISTRESS ALLONBY.— ¡Qué hombre tan perverso debe ser usted!

LORD ILLINGWORTH.— ¿A qué llama usted "hombre perverso"?

MISTRESS ALLONBY.— A la clase de hombres que, como usted acaba de decir, admiran la inocencia.

LORD ILLINGWORTH.— ¿Y qué es para usted una mujer perversa?

MISTRESS ALLONBY.— ¡Oh! Es el tipo de mujer de la que un hombre nunca se cansa.

LORD ILLINGWORTH.— Usted es muy estricta... consigo misma.

MISTRESS ALLONBY.— A ver… Defínanos usted entonces, a las mujeres.

LORD ILLINGWORTH.— Son esfinges sin secretos.

MISTRESS ALLONBY.— ¿Está incluyendo también a las puritanas?

LORD ILLINGWORTH.— Yo no creo en la existencia de las mujeres puritanas. No creo que haya ninguna mujer en el mundo que no se sienta un poco halagada cuando un hombre le hace el amor. Y eso es lo que las hace tan irresistiblemente adorables.

MISTRESS ALLONBY.— ¿Usted cree que no hay ninguna mujer en el mundo que pueda resistirse a ser besada?

LORD ILLINGWORTH.— Muy pocas.

MISTRESS ALLONBY.— La señorita Worsley no permitiría que usted la bese.

LORD ILLINGWORTH.— ¿Está segura?

MISTRESS ALLONBY.— Completamente segura.

LORD ILLINGWORTH.— ¿Qué cree que haría ella si yo la besara?

MISTRESS ALLONBY.— O bien se casaría con usted, o bien lo golpearía en la cara con su guante. ¿Qué haría usted si ella lo golpeara con su guante?

LORD ILLINGWORTH.— Probablemente lo que haría, es enamorarme de ella.

MISTRESS ALLONBY.— ¡Entonces será mejor que no intente besarla!

LORD ILLINGWORTH.— ¿Me está desafiando?

MISTRESS ALLONBY.— Es una flecha lanzada al aire.

LORD ILLINGWORTH.— ¿Usted no sabe que yo siempre consigo lo que quiero?

MISTRESS ALLONBY.— Lamento oír eso. Las mujeres adoramos los fracasos. En el fracaso los hombres tienen que apoyarse en nosotras.

LORD ILLINGWORTH.— Las mujeres adoran el éxito. Se aferran a él.

MISTRESS ALLONBY.— Somos los laureles que esconden su calvicie.

LORD ILLINGWORTH.— Y los hombres las necesitamos siempre, salvo en el momento del triunfo.

MISTRESS ALLONBY.— En ese momento, ustedes dejan de ser interesantes.

LORD ILLINGWORTH.— ¡Qué seductora es usted! *(Pausa.)*

MISTRESS ALLONBY.— Lord Illingworth, hay una cosa por la que usted siempre me ha gustado...

LORD ILLINGWORTH.— ¿Sólo una? ¡Y yo que tengo tantos defectos!

MISTRESS ALLONBY.— ¡Ah! ¡No presuma tanto de ellos! Puede perderlos cuando se haga viejo.

LORD ILLINGWORTH.— No pienso envejecer nunca. El alma nace vieja, y se va haciendo joven. La vida, es esa comedia.

MISTRESS ALLONBY.— Y el cuerpo nace joven, y va envejeciendo. La vida, es también esa tragedia.

LORD ILLINGWORTH.— Pero eso, puede ser también comedia. Pero no nos desviemos... dígame ¿Cuál es la razón por la que siempre le he gustado?

MISTRESS ALLONBY.— Es porque usted nunca ha intentado seducirme.

LORD ILLINGWORTH.— ¡Pero si, hasta ahora, no he hecho otra cosa!

MISTRESS ALLONBY.— ¿Sí? No lo había notado.

LORD ILLINGWORTH.— ¡Qué suerte! Podría haber sido una tragedia para ambos.

MISTRESS ALLONBY.— Hubiéramos sobrevivido.

LORD ILLINGWORTH.— Hoy en día se puede sobrevivir a todo, excepto a la muerte, y soportarlo todo, excepto una buena reputación.

MISTRESS ALLONBY.— ¿Ha intentado hacerse de una buena reputación?

LORD ILLINGWORTH.— Es uno de los inconvenientes a los que nunca tuve que enfrentarme.

MISTRESS ALLONBY.— Puede sucederle. Que tenga que preocuparse por su reputación.

LORD ILLINGWORTH.— ¿Por qué me amenaza?

MISTRESS ALLONBY.— Se lo diré cuando haya besado a la puritana.

(Entra el criado.)

FRANCIS.— El té está servido en el salón amarillo, milord.

LORD ILLINGWORTH.— Avise a la señora que ya vamos.

FRANCIS.— Bien, milord.

(El criado se va.)

LORD ILLINGWORTH.— ¿Vamos a tomar el té?

MISTRESS ALLONBY.— ¿Le gustan los placeres sencillos?

LORD ILLINGWORTH.— Los adoro. Adoro los placeres sencillos, son el último refugio de los hombres complicados. Pero si usted lo prefiere, podemos quedarnos aquí. Sí, mejor quedémonos aquí. El Libro de la Vida comienza con un hombre y una mujer en un jardín.

MISTRESS ALLONBY.— Y acaba con el Apocalipsis.

LORD ILLINGWORTH.— Se defiende usted muy bien. Pero le ha saltado un botón de su florete.

MISTRESS ALLONBY.— Pero todavía me queda la careta.

LORD ILLINGWORTH.— Que hace a sus ojos más hermosos.

MISTRESS ALLONBY.— Gracias... Vamos.

LORD ILLINGWORTH.— *(Mira la carta de Mistress Arbuthnot que estaba sobre la mesa, la toma y examina el sobre.)* ¡Qué letra tan particular! Me recuerda a la de una mujer que conocí hace ya muchos años.

MISTRESS ALLONBY.— ¿Quién era?

LORD ILLINGWORTH.— ¡Oh! Nadie. Nadie en particular. Una mujer sin importancia. *(Vuelve a dejar la carta en la mesa y sube los escalones hacia la terraza con Mistress Allonby. Ambos se sonríen.)*

ACTO SEGUNDO

Escena: Interior. Salón en Hunstanton Chase. Hay una puerta a la izquierda y otra a la derecha. Las lámparas están encendidas y las damas, sentadas en sofás, después de cenar.

MISTRESS ALLONBY.— ¡Qué tranquilidad se siente al estar un rato sin los hombres!

LADY STUTFIELD.— Sí, nos persiguen demasiado ¿verdad?

MISTRESS ALLONBY.— ¿Nos persiguen? Eso quisiera.

LADY HUNSTANTON.— ¡Querida!

MISTRESS ALLONBY.— Lo malo es que no les costaría nada ser felices sin nosotras. Por eso creo que es nuestro deber como mujeres, no dejarlos tranquilos en ningún momento, excepto ahora, en este momento después de la cena, sin el cual nos veríamos reducidas a meras sombras.

(Entran los criados con el café.)

LADY HUNSTANTON.— ¿Reducidas a sombras, querida?

MISTRESS ALLONBY.— Sí, Lady Hunstanton. ¡Debemos hacer un gran esfuerzo para conservar a nuestros hombres! Siempre están intentando escaparse.

LADY HUNSTANTON.— Yo creo que somos nosotras las que intentamos escaparnos de ellos. Los hombres no tienen corazón. Pero sí tienen poder, saben que lo tienen, y lo utilizan.

LADY CAROLINE.— *(Tomando una taza de café que le ofrece un criado.)* ¡Qué cantidad de tonterías!

A los hombres hay que mantenerlos cortitos, ponerlos en su lugar…

MISTRESS ALLONBY.— ¿Pero cuál es su lugar, Lady Caroline?

LADY CAROLINE.— Tienen que cuidar de sus esposas. Eso es lo que tiene que hacer un hombre, señora Allonby.

MISTRESS ALLONBY.— *(Toma su taza de manos de un criado.)* ¿En serio? ¿Y si no están casados?

LADY CAROLINE.— En ese caso, deberían buscar una mujer y casarse. Es escandalosa la cantidad de hombres solteros que hay en nuestra sociedad. Habría que hacer una ley que los obligue a casarse. Eso es, ¡Que sea ley!

LADY STUTFIELD.— *(Rechaza la taza de café que le ofrece un criado.)* Pero, ¿y si están enamorados de una mujer casada?

LADY CAROLINE.— De ser así, en el plazo de una semana, deberían casarse con alguna solterona fea y respetable, para que aprendan a no desear la propiedad del prójimo.

MISTRESS ALLONBY.— Me parece que no deberíamos hablar de las mujeres como si fuéramos propiedad de alguien. Es más ¡Es a la inversa! Los hombres casados son propiedad de las mujeres. Nosotras no pertenecemos a nadie.

LADY STUTFIELD.— ¡Oh! ¡Qué bien me siento oyéndola decir eso!

LADY HUNSTANTON.— Pero… querida Caroline, ¿realmente crees que una ley podría aportar alguna mejora? Hasta donde sé, hoy en día los hombres casados viven como solteros, y los solteros como casados.

MISTRESS ALLONBY.— Nunca pude distinguir los unos de los otros...

LADY STUTFIELD.— ¡Oh! Es muy fácil reconocer si un hombre tiene o no, una familia a su cargo. Puede verse a simple vista. Si usted presta un poco de atención, verá que hay hombres con una expresión triste, muy triste, en los ojos... esos son los hombres casados.

MISTRESS ALLONBY.— Yo, la única diferencia que noto es que cuando son buenos maridos, son tremendamente aburridos, y cuando no lo son, resultan insoportablemente engreídos.

LADY HUNSTANTON.— Bueno, supongo que el modelo típico de marido ha cambiado desde mi juventud, pero me siento obligada a decir que mi pobre y querido Hunstanton era el ser más tierno y dulce que se puede conocer.

MISTRESS ALLONBY.— ¡Ah! Mi marido es una especie de crédito pesado; que debo ir pagando poco a poco...

LADY CAROLINE.— Pero usted lo renueva cada tanto, ¿verdad?

MISTRESS ALLONBY.— ¡Oh, no!, No tuve más que un marido hasta ahora, Lady Caroline. Imagino que usted me ve como una aficionada ¿verdad?

LADY CAROLINE.— No sé si una aficionada... Pero, con su manera de ver la vida, me extraña que se haya casado.

MISTRESS ALLONBY.— A mí también.

LADY HUNSTANTON.— Hija mía, creo que usted es feliz en su matrimonio, pero disfruta disimular su felicidad ante los demás.

MISTRESS ALLONBY.— No crea... Le aseguro que Ernest me ha desilusionado.

LADY HUNSTANTON.— ¡Oh, querida! Conozco a su madre. Es una Stratton, Caroline; una de las hijas de Lord Crowland.

LADY CAROLINE.— ¿Victoria Stratton? La recuerdo. Una mujer rubia, tonta y sin mentón.

MISTRESS ALLONBY.— ¡Ah! Ernest tiene mentón. Tiene un mentón fuerte… y cuadrado… demasiado cuadrado.

LADY STUTFIELD.— ¿Un hombre puede tener el mentón demasiado cuadrado? Los hombres deben ser de porte fuerte, muy fuerte, y con un mentón bien cuadrado.

MISTRESS ALLONBY.— Entonces, Lady Stutfield, seguramente a usted le gustaría Ernest. Pero debo serle sincera y advertirle que es un hombre que carece completamente de conversación.

LADY STUTFIELD.— Adoro los hombres callados.

MISTRESS ALLONBY.— ¡Oh! Ernest no es callado. Habla muchísimo. Pero no tiene conversación. Habla, pero no sé sobre qué habla. Ya hace años que no lo escucho.

LADY STUTFIELD.— ¡Qué triste es la vida! ¿Verdad? Muy triste.

MISTRESS ALLONBY.— La vida es un mal cuarto de hora, Lady Stutfield. Pero cada tanto, casi como excepción, hay momentos exquisitos.

LADY STUTFIELD.— Sí, es verdad, cada tanto hay momentos. Pero bueno, el señor Allonby ¿hizo algo muy malo como para que usted hable así de su matrimonio? ¿Se ha enojado con usted, la agredió o le dijo algo malo?

MISTRESS ALLONBY.— ¡Oh, no, por Dios! Ernest es increíblemente tranquilo. Justamente esa es una de las razones por la que me saca de quicio, me pone nerviosa. No hay nada tan insoportable como esa calma. Hay algo brutal en el buen carácter de los hombres modernos. Me sorprende que las mujeres, podamos soportarlo como lo hacemos.

LADY STUTFIELD.— Sí, la tranquilidad de los hombres demuestra que no son tan sensibles como nosotras. Es ahí donde más se observa la diferencia entre el hombre y la mujer, ¿verdad? Pero... me interesa saber, entonces, qué fue lo que hizo de malo el señor Allonby.

MISTRESS ALLONBY.— Bueno, voy a contarle. Pero quiero que me prometa que va a hacer correr la voz y va a contárselo a todo el mundo.

LADY STUTFIELD.— Perfecto. Será para mí un placer y un deber hacerlo.

MISTRESS ALLONBY.— Cuando estaba de novia con Ernest, me juró de rodillas que nunca había amado a ninguna otra mujer en su vida. Yo era muy joven, y por lo tanto desconfiada. No le creí. Pero desgraciadamente, no comencé a hacer preguntas hasta cuatro o cinco meses después de casarnos. Fue entonces cuando descubrí, con horror, que lo que me había dicho era completamente cierto. Y ése es el tipo de cosas que le hacen a una perder interés en un hombre.

LADY HUNSTANTON.— ¡Querida!

MISTRESS ALLONBY.— Los hombres siempre quieren ser el primer amor de una mujer. Eso alimenta su vanidad. Las mujeres percibimos las cosas de otra manera, tenemos un instinto mucho más sutil. Lo que nos interesa es ser la última mujer de un hombre.

LADY STUTFIELD.— Ya veo. Es muy lindo lo que usted acaba de decir. Muy hermoso.

LADY HUNSTANTON.— Hija mía… ¿Lo que usted está diciendo es que la falta que cometió su marido es no haber amado nunca a otra mujer antes que a usted? Caroline ¿Has oído? No escuché nunca una cosa semejante. Estoy completamente sorprendida.

LADY CAROLINE.— ¡Oh! Las mujeres han cambiado mucho, Jane. Nada sorprende hoy en día, excepto los matrimonios felices. Que por lo visto, son rarísimos.

MISTRESS ALLONBY.— Sí, ya pasaron de moda.

LADY STUTFIELD.— Salvo en la clase media, según me han dicho.

MISTRESS ALLONBY.— ¡Es verdad! ¡Es algo propio de la clase media eso!

LADY STUTFIELD.— ¿Sí, verdad?

LADY CAROLINE.— Voy a dar crédito a lo que nos cuenta, Lady Stutfield, sobre la clase media. Si eso es así, es lamentable que en nuestra clase la mujer se empecine en ser frívola, creyendo que así debe ser. Esa podría ser la razón por la que hay tantos matrimonios desgraciados en nuestra sociedad.

MISTRESS ALLONBY.— Pero, Lady Caroline, yo no creo que la frivolidad de la mujer tenga nada que ver con eso. La mayor parte de los matrimonios, en nuestros días, se echan a perder más por el sentido común del marido que por cualquier otra cosa. ¿Cómo se espera que una mujer sea feliz con un hombre que se empeña en tratarla como si fuera un ser perfectamente racional?

LADY HUNSTANTON.— ¡Querida!

MISTRESS ALLONBY.— El hombre, ese pobre ser, confiado, necesario, ha sido racional durante millones y millones de años. No puede ser de otro modo. Es algo que lleva dentro. La historia de la Mujer es muy distinta. Nosotras siempre fuimos pintorescas, hemos protestado siempre contra el sentido común. Vimos sus peligros desde el principio.

LADY STUTFIELD.— Sí, el sentido común de los maridos es muy fastidioso. Dígame señora Allonby, ¿Qué concepto tiene usted de lo que debería ser un marido ideal?

MISTRESS ALLONBY.— ¿Un marido Ideal? No creo que pueda existir tal cosa. La institución es de por sí disparatada.

LADY STUTFIELD.— Lo que sería, "El Hombre Ideal", entonces, en relación con nosotras…

LADY CAROLINE.— Probablemente sería extremadamente realista, ¿verdad?

MISTRESS ALLONBY.— ¡El Hombre Ideal! ¡Oh! El Hombre Ideal nos hablaría como si fuésemos diosas y nos trataría como si fuésemos niñas. Se negaría a cumplir todas nuestras peticiones serias, para satisfacer sólo nuestros antojos. Nos incitaría a ser caprichosas y nos prohibiría ejercer misiones serias. Siempre diría mucho más de lo que piensa, y pensaría mucho más de lo que dice.

LADY HUNSTANTON.— Pero… ¿Cómo haría ambas cosas al mismo tiempo?

MISTRESS ALLONBY.— No perseguiría nunca a otras mujeres bonitas. Esto probaría que carece de buen gusto, o haría sospechar que pretende demasiado. No haría eso, se mostraría muy galante con todas, pero diría que ninguna le atrae.

LADY STUTFIELD.— Sí, es muy divertido, oír hablar de otras mujeres.

MISTRESS ALLONBY.— Si le preguntamos sobre cualquier cosa, debe respondernos siempre hablando de nosotras. Debe adjudicarnos exageradamente virtudes y cualidades que sabe que no tenemos. Pero debe ser despiadado en reclamarnos virtudes que jamás hemos soñado en tener. No debe suponer que conocemos el uso de las cosas útiles. Esto sería imperdonable. Pero debe hacer llover sobre nosotras, darnos siempre, todo lo que no necesitemos.

LADY CAROLINE.— Por lo que veo, no haría más que pagar las cuentas y elogiarnos.

MISTRESS ALLONBY.— Debe comprometernos en público y tratarnos con absoluto respeto cuando estemos a solas. Debe estar siempre dispuesto a soportar una escena cuando se nos antoje, y luego de ella, debe quedar completamente destruido y sentirse un miserable. Debe estar dispuesto a hacernos reproches durante veinte minutos y a ponerse violento al cabo de media hora, y debe estar dispuesto a abandonarnos para siempre a las ocho menos cuarto, cuando nosotras vamos a cambiarnos para la cena. Y cuando haya pasado un tiempo sin verlo, cuando haya jurado no dirigirnos la palabra nunca más o no volver a escribirnos nunca, debe mostrarse abatido, debe telegrafiarnos durante todo el día, debe enviarnos mensajes cada media hora y comer en el club completamente solo para que todos vean lo desdichado que es. Después de una semana entera en esas condiciones, después de una semana terrible, se le puede conceder una despedida final cuando cae la tarde. Y entonces, sólo entonces, si se ha comportado de manera irreprochable, y una se ha portado lo suficientemente mal con él, se le puede permitir confesar su culpa, declararse como único culpable de todos los males, y una vez confesado esto, la mujer tendrá el deber de perdonarlo, para que esto pueda comenzar, nuevamente desde el principio, con algunas variaciones.

LADY HUNSTANTON.— ¡Cuanta astucia, querida! No creo que usted se crea ni una palabra de lo que ha dicho.

LADY STUTFIELD.— ¡Gracias, por sus palabras! Usted ha estado estupenda. No sé cómo haré para recordarlo todo. ¡Hay muchos detalles que son importantísimos!

LADY CAROLINE.— Pero… después de todo esto, ¿cuál es la recompensa de ese Hombre Ideal?

MISTRESS ALLONBY.— ¿Su recompensa? ¡Oh! Podrá estar siempre expectante. A la espera de que algo pase. Eso es bastante recompensa.

LADY STUTFIELD.— Pero a los hombres les gusta lo concreto, ¿no? Son terriblemente exigentes, ¿verdad?

MISTRESS ALLONBY.— Eso no importa. Una no debe nunca darse por vencida.

LADY STUTFIELD.— ¿Ni siquiera con el Hombre Ideal?

MISTRESS ALLONBY.— Ni siquiera con él. ¡Mucho menos con él! Salvo que una quiera cansarse y aburrirse de ese hombre… Claro está.

LADY STUTFIELD.— ¡Oh... sí! Entiendo… Son muy útiles sus palabras. Señora Allonby, ¿cree que podré encontrar a ese Hombre Ideal? O… ¿hay más de uno?

MISTRESS ALLONBY.— En todo Londres, hay exactamente cuatro.

LADY HUNSTANTON.— ¡Querida!

MISTRESS ALLONBY.— (Dirigiéndose hacia ella.) ¿Qué pasó? Dígame.

LADY HUNSTANTON.— (En voz baja.) Me olvidé que la joven americana estaba aquí en el salón. Creo que algunas de las cosas que estuvimos hablando pueden no haberle caído del todo bien.

MISTRESS ALLONBY.— ¡Ah! Estas cosas le van a venir bien, no se preocupe...

LADY HUNSTANTON.— Espero que no haya entendido mucho de qué hablábamos. Voy a ver si escuchó algo. *(Se levanta y va hacia Hester Worsley.)* ¿Cómo anda señorita Worsley? *(Se sienta junto a ella.)* ¡Qué tranquila que es usted! Casi me había olvidado que estaba aquí en este rinconcito... cuénteme, ¿qué estaba haciendo?, ¿estuvo leyendo un rato? Hay muchos libros en esta biblioteca.

HESTER.— No; estuve escuchado la conversación.

LADY HUNSTANTON.— No hay por qué creer todo lo que se ha dicho, ¿sabe, querida?

HESTER.— No se preocupe. No creo en nada de lo que se ha dicho.

LADY HUNSTANTON.— Lo bien que hace, querida.

HESTER.— *(Continúa.)* No puedo creer que haya mujeres capaces de tener esa idea de la vida, como lo que escuché decir a alguna de sus invitadas esta noche. *(Se produce una pausa embarazosa.)*

LADY HUNSTANTON.— Según tengo entendido, ustedes, en América, tienen una sociedad tan agradable... en algunos aspectos muy parecida a la nuestra. Eso me ha escrito mi hijo.

HESTER.— En América hay reuniones, como en todas partes, Lady Hunstanton. Pero la verdadera sociedad americana está formada por todas las mujeres y todos los hombres honrados que hay en el país.

LADY HUNSTANTON.— ¡Qué sistema tan sensato y agradable! En Inglaterra me temo que tenemos demasiadas barreras sociales. No conocemos del todo bien a las clases media y baja.

HESTER.— En América no tenemos clases bajas.

LADY HUNSTANTON.— ¿De verdad? ¿No tienen clases bajas? ¡Qué cosa más rara!

MISTRESS ALLONBY.— ¿De qué está hablando esa terrible muchacha?

LADY STUTFIELD.— Es muy vulgar, ¿verdad?

LADY CAROLINE.— Según he oído hay muchas cosas que no tienen en América, miss Worsley. No tienen ni ruinas ni curiosidades.

MISTRESS ALLONBY.— *(A Lady Stutfield.)* ¡Qué tontería! Tienen a sus fundadores, y sus modales.

HESTER.— La aristocracia inglesa nos nutre con curiosidades, Lady Caroline. Nos llegan todos los veranos en barco, y se exponen al día siguiente de su llegada. Y en cuanto a las ruinas, no… no tenemos. Intentamos construir algo más duradero que la piedra y el ladrillo. *(Se levanta para tomar su abanico de la mesa.)*

LADY HUNSTANTON.— ¿Y qué es eso que construirían, querida? ¡Ah, sí! Una exposición de hierro en esa ciudad de nombre tan raro, ¿verdad?

HESTER.— *(Parada junto a la mesa.)* Lo que intentamos construir, Lady Hunstanton, es una base mejor sobre la cual se apoye la vida, una base más verdadera, más pura que la que se construyó aquí. Esto seguramente les parecerá extraño. ¿Cómo no va a parecerles extraño? Si ustedes, los ricos de Inglaterra no saben la clase de vida que llevan. ¿Cómo van a saber qué clase de vida llevan? Si han cerrado su sociedad sólo para los nobles y buenos. Se ríen de la gente sencilla y pura. Viven por encima de los demás, y a costa suya. Se burlan del sacrificio de los otros, y si en algún momento les tiran algo de pan a los pobres es sólo para tenerlos calmados por un tiempo. Con toda su fastuosidad, su fortuna y su arte, no saben cómo viven. Ni siquiera saben que viven. Aman la belleza de lo que pueden ver y tocar. Aman la belleza que pueden destruir y que destruyen. Pero la belleza invisible de la vida, la belleza de una vida más elevada, la desconocen por completo. Han perdido el secreto de la vida. ¡Oh! Su sociedad inglesa es tan frívola, tan egoísta, tan necia. Parece que se arrancó los ojos y se tapó los oídos. Yace como algo muerto, inmóvil; como una cosa muerta bañada en oro. Están equivocados, completamente equivocados.

LADY STUTFIELD.— No me parece que deba decir esas cosas. No es agradable oír eso…

LADY HUNSTANTON.— ¡Señorita Worsley! Creí que le agradaba nuestra sociedad inglesa. Ha tenido tanto éxito en ella… Es usted tan admirada por las mejores personas que la integran… Ya ni recuerdo la cantidad de elogios que ha dicho sobre usted el Lord Henry Weston. Y él es una autoridad en lo que a belleza se refiere.

HESTER.— ¡Lord Henry Weston! Lo recuerdo, Lady Hunstanton. Un hombre cuya sonrisa es igual de horrible que su pasado. Lo invitan a todas partes. No hay reunión que esté completa sin su presencia. ¿Pero qué hay de aquellas mujeres a quienes Lord Weston les destrozó la vida? Son unas desgraciadas. No tienen nombre. Si usted las cruzara por la calle giraría la cabeza, las ignoraría. No lamento ese castigo. Todas las mujeres que han pecado deben ser castigadas.

(Entra en escena Mistress Arbuthnot. Llega por el fondo de la terraza, con una capa y un velo de encaje sobre la cabeza. Llega a oír las últimas palabras y se estremece.)

LADY HUNSTANTON.— ¡Querida niña!

HESTER.— Lo justo es que esas mujeres sean castigadas, pero no ellas solas. Si un hombre y una mujer han pecado, que vayan los dos al desierto para amarse u odiarse. ¡Que ambos queden marcados! Pero que no sea castigado uno sin el otro. Que no haya una ley para los hombres y otra para las mujeres. Ustedes aquí, en Inglaterra, son muy injustos con las mujeres. Y no podrán ser justos hasta que reconozcan que lo que es una vergüenza en la mujer es una infamia en el hombre. Hasta que acepten esta diferencia, la columna de fuego que es la justicia, y ese bloque de humo que es la injusticia, se les presentarán siempre borrosos, o ni siquiera podrán verlos, y si los ven, no los comprenderán.

LADY CAROLINE.— Señorita Worsley, ya que está de pie, ¿puedo pedirle mi algodón, que está exactamente detrás de usted? Gracias.

LADY HUNSTANTON.— ¡Querida señora Arbuthnot! ¡Qué alegría que haya venido! No me la han anunciado…

MISTRESS ARBUTHNOT.— ¡Oh, no! Pasé directamente. Vine por la terraza, Lady Hunstanton. No me dijo que tenía una reunión.

LADY HUNSTANTON.— No es una reunión. Son algunos invitados que pasarán un tiempo en casa y que usted debe aprovechar para conocer. Permítame. *(Intenta ayudarla. Toca una campanilla.)* Caroline, la señora Arbuthnot, una de mis mejores amigas. Lady Caroline Pontefract, Lady Stutfield, la señora Allonby y mi joven amiga americana, la señorita Worsley, que acaba de decirnos lo poco que valemos.

HESTER.— Le pido disculpas, Lady Hunstanton, si me he expresado con demasiada fogosidad. Pero hay en Inglaterra cosas que...

LADY HUNSTANTON.— Mi querida niña, hay una gran parte de verdad en lo que usted dijo, estoy de acuerdo con ello, y resultaba usted muy bonita al decirlo, lo cual es todavía más importante, como diría Lord Illingworth. En lo único que la he encontrado un poco dura, es cuando usted se refirió al hermano de Lady Caroline, el pobre Lord Henry. ¡Es un hombre de un trato tan agradable! *(Entra un criado.)* Llévese la capa de la señora Arbuthnot.

(El criado sale con la capa.)

HESTER.— ¡Lady Caroline!, no tenía idea de que era su hermano. Debí medir mis palabras… Yo...

LADY CAROLINE.— Mi querida señorita Worsley, la única parte de su discurso con la que coincido plenamente, es en la que se ha referido a mi hermano. No hay nada que usted pueda decir que sea demasiado severo para describirlo. Creo que Henry es un ser absolutamente infame. Pero debo reconocer, como dice Jane, que es de un trato excelente y que tiene uno de los mejores cocineros de Londres: y después de una buena comida, se puede perdonar cualquier cosa a cualquiera, incluso a los parientes cercanos.

LADY HUNSTANTON.— *(A Miss Worsley.)* Ahora, querida, hágase amiga de la señora Arbuthnot. Es una de esas personas buenas y sencillas a las que usted dice que no admitimos en nuestra sociedad. Lamento que la señora Arbuthnot no venga más seguido. Pero eso ya está fuera de mi control.

MISTRESS ALLONBY.— ¡Qué molesto es que los hombres se alejen tanto tiempo de nosotras después de comer! Vaya una a saber las cosas que estarán diciendo sobre nosotras.

LADY STUTFIELD.— ¿Usted cree que es así?

MISTRESS ALLONBY.— Estoy segura.

LADY STUTFIELD.— ¡Oh, qué horrible! ¿Vamos a la terraza?

MISTRESS ALLONBY.— ¡Vamos! ¡Vamos a cualquier lugar que nos aleje de las viudas y las marimachos! (Se levanta y se va con Lady Stutfield por la puerta de la izquierda.) Lady Hunstanton, vamos a la terraza a contemplar las estrellas.

LADY HUNSTANTON.— Vayan querida… Van a encontrar muchísimas estrellas. Pero abríguense… *(A Mistress Arbuthnot.)* Cómo sentiremos la falta de Gerald, querida Arbuthnot.

MISTRESS ARBUTHNOT.— ¿Es verdad, entonces, que Lord Illingworth le ofreció el puesto de secretario?

LADY HUNSTANTON.— ¡Oh, sí! Ha sido un gran gesto. Lord Illingworth aprecia mucho a su hijo mi querida. Usted no conoce a Lord Illingworth, ¿verdad?

MISTRESS ARBUTHNOT.— No… nunca lo he visto.

LADY HUNSTANTON.— Pero… ¿Escuchó hablar algo sobre él?

MISTRESS ARBUTHNOT.— No… tampoco… Temo que no. ¡Estoy tan aislada del mundo y veo a tan poca gente! Recuerdo haber oído algo, hace años, sobre un viejo Lord Illingworth, que vivía en Yorkshire.

LADY HUNSTANTON.— ¡Ah, sí! El penúltimo conde. Un hombre muy particular. Quiso casarse con una mujer de una clase inferior a la suya. O no quería casarse… no recuerdo. Hubo un escándalo de ese estilo. El Lord Illingworth actual es muy diferente. Es distinguido. Se dedica a... bueno, a no hacer nada, básicamente. Temo que a nuestra invitada americana eso no debe agradarle mucho. No sé si a Lord Illingworth le preocupan mucho las cosas que a usted le interesan tanto, querida Arbuthnot. Caroline ¿Crees que a Lord Illingworth le interese el alojamiento de los pobres?

LADY CAROLINE.— No creo, Jane.

LADY HUNSTANTON.— Bueno… Cada cual tiene sus gustos, ¿verdad? Pero Lord Illingworth ocupa una posición muy elevada que le permite obtener todo lo que se proponga. Todavía es bastante joven y heredó su título hace muy poco tiempo... Caroline ¿cuánto hace que Lord Illingworth heredó su título?

LADY CAROLINE.— Hará unos cuatro años, Jane. Fue el mismo año en que mi hermano protagonizó su último gran escándalo que llegó a los periódicos de la noche.

LADY HUNSTANTON.— ¡Ah! Es verdad... Ya recuerdo. Hará unos cuatro años entonces. Claro que entre el Lord Illingworth actual y el título, se interponían muchas personas, señora Arbuthnot. Estaban... ¿quiénes estaban, Caroline?

LADY CAROLINE.— Estaba el niño de la pobre Margaret. ¿Recuerdas? Cómo deseaba esa mujer tener un hijo varón; y lo tuvo, pero murió, y al poco tiempo murió también su marido, y ella se volvió a casar, casi en seguida, con uno de los hijos de Lord Ascott que, según dicen, le pegaba.

LADY HUNSTANTON.— ¡Ah! Sí. Eso es de familia, querida. Recuerdo que había también, un sacerdote que intentó hacerse pasar por loco, o un loco que intentó pasar por sacerdote, no sé bien... el caso es que el tribunal de la Cancillería abrió un informe, investigó y concluyó que el hombre estaba completamente cuerdo. Un tiempo después lo vi en la casa de Lord Plumstead, con pajas o con algo raro en el pelo, no recuerdo muy bien. Es una pena que la pobre Lady Cecilia no haya vivido para ver a su hijo en posesión del título. ¿Verdad, Caroline?

MISTRESS ARBUTHNOT.— ¿Lady Cecilia?

LADY HUNSTANTON.— La madre de Lord Illingworth, señora Arbuthnot. Era una de las hermosas hijas de la duquesa de Jerningham; se casó con Sir Tomás Harford, que en ese entonces no era considerado un buen partido para ella, aunque era uno de los hombres más guapos de todo Londres. Los conocí muy bien a todos, tanto a ellos como a sus dos hijos: Arthur y George.

MISTRESS ARBUTHNOT.— El que heredó el título fue el mayor, ¿verdad?

LADY HUNSTANTON.— No, querida; desgraciadamente lo mataron en un día de caza. ¿O un día de pesca, Caroline? Lo he olvidado. Así que fue George quien heredó todo. Siempre le digo que nunca conocí a un hermano menor con tanta suerte como él.

MISTRESS ARBUTHNOT.— Lady Hunstanton, me gustaría hablar con Gerald. ¿Puedo verlo? ¿Pueden ir a buscarlo?

LADY HUNSTANTON.— Claro, querida. Ya mismo envío a un criado para que lo llame. No sé con qué se entretienen tanto estos caballeros. *(Toca una campanilla.)* Cuando conocí a Lord Illingworth, que en ese entonces se llamaba George Harford, era un muchacho muy listo, muy considerado en sociedad, pero sin un céntimo. Lo único que tenía es lo que le daba la pobre Lady Cecilia. ¡Cómo lo quería esa mujer! Él se llevaba muy mal con su padre… ¡Oh! Aquí llegó el querido Archidiácono. *(Al criado.)* Ya está, vaya…

(Entran Sir John y el Archid. Daubeny. Sir John se dirige hacia Lady Stutfield, y el Archid. Daubeny hacia Lady Hunstanton.)

ARCHID. DAUBENY.— Qué ocurrente es Lord Illingworth. Creo que nunca me había divertido tanto. *(Mirando a Mistress Arbuthnot.)* ¡Ah, señora Arbuthnot!

LADY HUNSTANTON.— *(Al Archid. Daubeny.)* Como ve, he conseguido que viniera la señora Arbuthnot.

ARCHID. DAUBENY.— Es un gran honor, Lady Hunstanton. La señora Daubeny se va a poner celosa.

LADY HUNSTANTON.— ¡Ah! Cómo lamento que la señora Daubeny no haya podido venir ¿Sigue con sus jaquecas?

ARCHID. DAUBENY.— Sí, Lady Hunstanton. Realmente las padece, y se siente mucho mejor cuando está sola.

LADY CAROLINE.— *(A su marido.)* ¡John! *(Sir John cruza el salón y se dirige hacia su mujer. El Archid. Daubeny habla con Lady Hunstanton y Mistress Arbuthnot.)*

(Mistress Arbuthnot tiene la mirada fija en Lord Illingworth, que sin darse cuenta de ello, atraviesa el salón y se acerca a Mistress Allonby, que está de pie con Lady Stutfield en la puerta que da hacia la terraza.)

LORD ILLINGWORTH.— ¿Cómo está la mujer más linda del mundo?

MISTRESS ALLONBY.— *(Tomando del brazo a Lady Stutfield.)* Estamos muy bien las dos, gracias. ¡Qué poco tiempo han pasado en el comedor! Cualquiera diría que recién terminamos de comer.

LORD ILLINGWORTH.— Me aburría muchísimo. No dije una sola palabra en todo ese tiempo. Estaba impaciente por estar aquí, con ustedes.

MISTRESS ALLONBY.— Se perdió usted algunas cosas interesantes... La americanita nos dio un sermón.

LORD ILLINGWORTH.— ¿Sí? Típico de americanos... Debe ser algo en su clima que los impulsa a hacer eso... ¿Cuál fue el tema del sermón?

MISTRESS ALLONBY.— El puritanismo, Claro está.

LORD ILLINGWORTH.— Voy a convertirla, ya verá. ¿Cuánto tiempo me da para conseguirlo?

MISTRESS ALLONBY.— Una semana.

LORD ILLINGWORTH.— Me va a sobrar tiempo. Es más de lo que necesito.

(Entran Gerald y Lord Alfred.)

GERALD.— *(Dirigiéndose hacia Mistress Arbuthnot.)* ¡Mamá!

MISTRESS ARBUTHNOT.— Gerald, discúlpame... no me siento del todo bien. ¿Me acompañas a casa? No debí haber venido.

GERALD.— ¡Claro, mamá! Te acompaño; pero primero tienes que conocer a Lord Illingworth. *(Cruza el salón.)*

MISTRESS ARBUTHNOT.— Esta noche, no, Gerald.

GERALD.— Lord Illingworth, me gustaría presentarle a mi madre.

LORD ILLINGWORTH.— Claro querido. Será un placer conocerla. *(A Mistress Allonby.)* Vuelvo en un momento. Las madres me aburren... Todas las mujeres terminan pareciéndose a sus madres. En eso consiste su tragedia.

MISTRESS ALLONBY.— Sin embargo a los hombres no les sucede. Y en eso consiste la suya.

LORD ILLINGWORTH.— ¡Qué admirable buen humor tiene usted esta noche! *(Da media vuelta y cruza el salón con Gerald, hacia Mistress Arbuthnot. Cuando la ve, se estremece y retrocede asombrado. Después, gira su mirada lentamente hacia Gerald.)*

GERALD.— Mamá, te presento a Lord Illingworth, quien me ofreció el puesto de secretario. *(Mistress Arbuthnot se inclina con frialdad.)* Es una gran oportunidad para mí, espero no decepcionarlo. Mamá, ¿No vas a agradecerle a Lord Illingworth lo atento que ha sido?

MISTRESS ARBUTHNOT.— Lord Illingworth, es usted realmente muy bueno al demostrar interés por mi hijo.

LORD ILLINGWORTH.— *(Poniendo la mano en el hombro de Gerald.)* ¡Oh!, Gerald y yo, ya somos grandes amigos… tenemos mucho en común señora... Arbuthnot.

MISTRESS ARBUTHNOT.— No hay nada en común entre usted y mi hijo, Lord Illingworth.

GERALD.— ¡Mamá! ¿Qué dices? Lord Illingworth es muy inteligente… No hay nada que él no sepa y que tú tengas que aclararle…

LORD ILLINGWORTH.— ¡Muchacho! …

GERALD.— Sabe más de la vida que cualquier persona que yo haya conocido hasta hoy. Me siento pequeño al lado suyo, Lord Illingworth. No he tenido muchas oportunidades para educarme, no fui a Eton ni a Oxford, como otros muchachos. Pero a Lord Illingworth eso no le importa. Se ha portado muy bien conmigo, mamá.

MISTRESS ARBUTHNOT.— Lord Illingworth puede cambiar de opinión. Quizás ya no te necesite de secretario…

GERALD.— ¡Mamá!

MISTRESS ARBUTHNOT.— Recuerda hijo mío, como tú mismo decías, que has tenido muy pocas ocasiones de instruirte.

MISTRESS ALLONBY.— Lord Illingworth, me gustaría hablar con usted un momento… ¿Puede venir?

LORD ILLINGWORTH.— Le pido me disculpe señora Arbuthnot, pero me están esperando. Muchacho, no deje que su encantadora madre se interponga en nuestro acuerdo ¿sí? Todo lo pactado sigue en pie…

GERALD.— Eso espero… le agradezco. *(Lord Illingworth cruza el salón y vuelve al lado de Mistress Allonby.)*

MISTRESS ALLONBY.— Creí que usted no iba a separarse nunca de la dama de terciopelo negro.

LORD ILLINGWORTH.— Es muy hermosa ¿verdad? *(Contemplando a Mistress Arbuthnot.)*

LADY HUNSTANTON.— Caroline, ¿vamos a la sala de música? La señorita Worsley va a tocar alguna pieza. ¿Viene usted, mi querida Arbuthnot? Estoy segura que le encantará. *(Al Archid. Daubeny.)* Un día de estos llevaré a la señorita Worsley a la parroquia. Me gustaría mucho que la señora Daubeny la oyese tocar el violín. ¡Ah, me olvidaba! La señora Daubeny está un poco sorda, ¿verdad?

ARCHID. DAUBENY.— Sí… Su sordera es un gran inconveniente para ella. Ni siquiera puede oír mis sermones. Pero encuentra otras maneras de entretenerse… otros recursos…

LADY HUNSTANTON.— Imagino que debe leer mucho, ¿no?

ARCHID. DAUBENY.— Sólo los libros impresos con letra grande… Su vista no la ayuda mucho… va desapareciendo poco a poco. Pero no se queja, eso es verdad…

GERALD.— *(A Lord Illingworth.)* Lord Illingworth, ¿puede hablar con mi madre antes de ir a la sala de música? No sé por qué razón cree que usted no ha pensado bien la propuesta que me ofreció.

MISTRESS ALLONBY.— ¿Viene usted?

LORD ILLINGWORTH.— En un momento. Lady Hunstanton, si la señora Arbuthnot me lo permite me gustaría hablar unas palabras con ella, después me uniré a ustedes en la sala.

LADY HUNSTANTON.— ¡Oh, claro que sí! Seguramente tenga usted mucho que decirle, y ella querrá agradecerle. No siempre se le ofrece a un hijo nuestro una oportunidad como esta, ¿verdad señora Arbuthnot? Bueno... sé que usted sabrá apreciarlo querida...

LADY CAROLINE.— ¡John!

LADY HUNSTANTON.—...no entretenga usted demasiado a la señora Arbuthnot, Lord Illingworth. No sabríamos que hacer sin ella.

(Sale seguida de los otros invitados. Se oye, dentro del salón de música, el sonido de un violín.)

LORD ILLINGWORTH.— ¿O sea que es nuestro hijo?, ¡Rachel! Estoy orgulloso de él. Es un Harford de pura cepa. Y hablando de todo un poco... ¿Arbuthnot? ¿Por qué ese apellido Rachel?

MISTRESS ARBUTHNOT.— ¡Es igual! Da lo mismo ese apellido o cualquier otro cuando no se tiene ninguno.

LORD ILLINGWORTH.— Entiendo... Y... ¿por qué Gerald?

MISTRESS ARBUTHNOT.— Así se llamaba un hombre al que le destrocé el corazón: mi padre.

LORD ILLINGWORTH.— ¡Ah, Rachel! El pasado, es pasado. No pienses en eso. ¡Estoy encantado con nuestro hijo Rachel! El mundo entero lo conocerá sólo como mi secretario particular, pero para mí será algo mucho más cercano y querido. Es curioso, Rachel; creí que mi vida estaba completa, y sin embargo no era así. Algo me faltaba, y ese algo era un hijo. Ahora, por fin, lo encontré. Estoy muy contento.

MISTRESS ARBUTHNOT.— ¿De qué hablas? No tienes el menor derecho sobre él. Mi hijo es enteramente mío, y así seguirá siendo.

LORD ILLINGWORTH.— Rachel... querida... lo has tenido para ti sola durante más de veinte años. ¿Por qué no me lo dejas ahora un poco? Es tan tuyo como mío...

MISTRESS ARBUTHNOT.— ¿Estás hablando en serio? Hablas del hijo que abandonaste, del hijo que hubiera muerto de hambre si su vida hubiera dependido sólo de ti....

LORD ILLINGWORTH.— Olvidas, Rachel, que tú te fuiste de mi lado. Yo no me separé de ti.

MISTRESS ARBUTHNOT.— Me separé de ti porque te negaste a darle un nombre a mi hijo. Te supliqué que nos casáramos antes de que naciera...

LORD ILLINGWORTH.— Pero en ese entonces, yo me estaba forjando un porvenir. Rachel, yo tenía tu misma edad... solo veintidós años, veintiuno, me parece, cuando empezó nuestro amorío en el jardín de tu padre.

MISTRESS ARBUTHNOT.— Cuando un hombre tiene la edad suficiente para hacer el mal, tiene también la edad suficiente para hacer el bien.

LORD ILLINGWORTH.— Mi querida Rachel, en materia intelectual, generalizar puede ser sumamente interesante, pero en materia moral, generalizar no significa absolutamente nada. Por otro lado, cuando dices que dejé morir de hambre a nuestro hijo, ambos sabemos que falso. Mi madre te ofreció seiscientas libras al año. No quisiste aceptarlas. Y desapareciste llevándote al niño.

MISTRESS ARBUTHNOT.— ¡No hubiese aceptado ni una taza de té de ella! ¡Nada! En cambio, tu padre... él era diferente. ¡Él te dijo que tu deber era casarte conmigo!

LORD ILLINGWORTH.— ¡Oh! El deber es lo que uno espera que hagan los demás, no lo que hace uno mismo. Claro está que yo estaba influenciado por mi madre. Todos los hombres jóvenes lo están.

MISTRESS ARBUTHNOT.— Me alegra escucharte decir eso... Gerald no se irá contigo.

LORD ILLINGWORTH.— ¡Rachel! ¡Por favor!

MISTRESS ARBUTHNOT.— ¿Crees que dejaría que mi hijo...?

LORD ILLINGWORTH.— Nuestro hijo.

MISTRESS ARBUTHNOT.— Mi hijo... *(Lord Illingworth se encoge de hombros.)* ¿... se marche con el hombre que no sólo echó a perder mi juventud, sino que destrozó mi vida entera? ¿No te das cuenta de cómo sufrí? ¿De la vergüenza que pasé?

LORD ILLINGWORTH.— Mí querida Rachel... debo confesarte que considero el futuro de Gerald mucho más importante que tu pasado.

MISTRESS ARBUTHNOT.— Gerald no puede separar su futuro de mi pasado.

LORD ILLINGWORTH.— Bueno… es justamente lo que debería hacer. Es justamente lo que tú deberías ayudarle a hacer. ¡Eres… tan típicamente femenina! Hablas de sentimientos pero eres terriblemente egoísta. Pero bueno… no hagamos una escena. Te ruego, Rachel, que intentes ver este asunto desde el sentido común, que te preocupes por lo que es mejor para nuestro hijo, y que hagas a un lado los asuntos que haya entre tú y yo. ¿Qué es nuestro hijo? ¿Qué hace? ¿A qué se dedica? Es un simple empleado mal pagado en un pequeño Banco de provincia, en una ciudad de tercera categoría. Si crees que es feliz en esa situación, te equivocas. Está muy desconforme con lo que tiene.

MISTRESS ARBUTHNOT.— No estaba desconforme antes de conocerte a ti. Tú lo has hecho cambiar.

LORD ILLINGWORTH.— Claro que sí. ¡Yo lo hice cambiar! El descontento es el primer paso en el progreso de un hombre o de un país. Pero no le mostré las cosas que no podía conseguir, y lo abandoné. Nada de eso. Le hice una oferta seductora. Y, claro está, la aceptó. Como haría cualquier muchacho en su situación, entusiasmado y casi saltando de alegría. Y ahora, como soy su padre, y él es mi hijo, intentas destruir su futuro. Es decir, si yo fuera un extraño cualquiera, entonces le permitirías aceptar la propuesta; pero resulta que soy su padre, que es de mi misma sangre, y ahora, por esa razón, no puede aspirar a un futuro mejor. ¡Qué ilógica que eres!

MISTRESS ARBUTHNOT.— No permitiré que te lo lleves.

LORD ILLINGWORTH.— ¿Pero cómo vas a hacer para impedirlo, Rachel? ¿Qué vas a decirle para que rechace una oferta como la que le hice? No voy a decirle los las lazos que me unen a él, no lo necesito. Imagino que tú tampoco te atreverías a decirle… Imagino… Observa cómo lo has educado…

MISTRESS ARBUTHNOT.— Lo eduqué para que sea un hombre honesto.

LORD ILLINGWORTH.— Exacto. ¿Y cuál es el resultado? Lo educaste para que sea tu juez, Rachel. Si llega a enterarse de lo que hiciste, puedo asegurarte que será un juez muy severo y cruel. Vamos, no te engañes, Rachel. Los hijos empiezan por amar a sus padres. Después los juzgan. Rara vez, si es que eso ocurre, los perdonan.

MISTRESS ARBUTHNOT.— George, no me quites a mi hijo. He pasado veinte años de mi vida sufriendo y pude soportarlo sólo por tenerlo a él, para amarlo y para que me ame. Tú has tenido una vida llena de alegrías, placeres y éxitos. Has sido feliz, nunca has pensado en nosotros. No te culpo, no había razón para pensar en nosotros dada la manera en la que entiendes la vida. Si nos hemos encontrado ahora, ha sido por casualidad, por una horrible casualidad. Olvidemos este encuentro. No vengas a robarme… lo único que tengo en el mundo. ¡Tú tienes tanto! Eres rico en otras cosas. Déjame lo poco que he conseguido en mi vida; déjame el jardín cercado, y el manantial; el cordero que Dios me envió en su piedad o en su cólera. ¡Oh, déjame eso, George, no me quites a Gerald!

LORD ILLINGWORTH.— Rachel. En este momento tú no eres necesaria para el futuro de Gerald; yo, sí. No hay nada más que hablar sobre este tema.

MISTRESS ARBUTHNOT.— No lo dejaré ir.

LORD ILLINGWORTH.— Ahí está... Ahí viene Gerald. Él tiene derecho a decidir por sí mismo.

(Entra Gerald.)

GERALD.— Mamá Espero que hayas arreglado todo con Lord Illingworth ¿verdad?

MISTRESS ARBUTHNOT.— No, Gerald.

LORD ILLINGWORTH.— Por lo visto, a su madre no le agrada la idea de que venga usted conmigo.

GERALD.— Pero... ¿Por qué, mamá?

MISTRESS ARBUTHNOT.— Creí que eras feliz conmigo, Gerald. No sabía que estuvieses tan apurado por abandonarme.

GERALD.— ¡Mamá! ¿Cómo puedes decir eso? Claro que he sido feliz contigo. Pero un hombre no puede pasar toda la vida al lado de su madre. Ninguno de mis compañeros sigue al lado de su madre. Quiero ganarme un lugar por mí mismo, hacerme de una posición. Creí que te sentirías orgullosa de verme de secretario de Lord Illingworth.

MISTRESS ARBUTHNOT.— No me parece que seas el indicado para cubrir el puesto de secretario de Lord Illingworth. No tienes las cualidades necesarias.

LORD ILLINGWORTH.— No quisiera entrometerme en esta conversación, señora Arbuthnot, pero con respecto a su último argumento, seguramente yo sea mejor juez para evaluar eso. Sólo me limitaré a decirle que su hijo, reúne todas las cualidades necesarias para el puesto. En realidad, tiene muchas más de las necesarias. Muchas más. *(Mistress Arbuthnot permanece en silencio.)* Señora Arbuthnot, ¿Usted tiene alguna otra razón para no dejar que su hijo acepte este puesto?

GERALD.— ¿Tienes alguna otra razón, mamá? Responde...

LORD ILLINGWORTH.— Si tiene alguna otra razón, señora Arbuthnot, se lo ruego, háganosla saber, dígala. Estamos aquí en familia. Sea lo que sea, le prometo que no se lo diré a nadie.

GERALD.— ¿Mamá?

LORD ILLINGWORTH.— Si quiere, puedo dejarla a solas con su hijo. Quizás tenga usted alguna otra razón que no quiere que yo oiga.

MISTRESS ARBUTHNOT.— No tengo ninguna otra razón.

LORD ILLINGWORTH.— Entonces, hijo mío, podemos dar por cerrado este asunto. Venga; vamos a fumar un cigarrillo a la terraza. Y usted, señora Arbuthnot, le prometo que ha obrado de la mejor manera. Ha tomado, a mi juicio, una muy sensata decisión.

(Sale con Gerald. Mistress Arbuthnot se queda sola. Permanece inmóvil. Tiene en su rostro, una expresión de infinito dolor.)

ACTO TERCERO

Galería de cuadros en Hunstanton. Al fondo hay una puerta que da a la terraza. A la derecha están Lord Illingworth y Gerald. Lord Illingworth, recostado en un sofá. Gerald, sentado en una silla.

LORD ILLINGWORTH.— Su madre es una mujer muy sensata, Gerald. Yo estaba seguro que iba a terminar dando su consentimiento.

GERALD.— Mi madre actúa a conciencia, Lord Illingworth, y sé que no confía en que yo pueda ser su secretario. En parte tiene razón. En la escuela fui bastante vago, y ahora no podría superar un examen aunque en ello me fuese la vida.

LORD ILLINGWORTH.— Querido Gerald, los exámenes no sirven para nada. Cuando un hombre es un verdadero caballero, ya ha aprendido todo lo que necesita, y cuando no lo es, todo lo que sepa o aprenda, sólo sirve para perjudicarlo.

GERALD.— ¡Pero conozco tan poco del mundo, Lord Illingworth!

LORD ILLINGWORTH.— No se preocupe, Gerald. No olvide que tiene lo más maravilloso que una persona puede tener: su juventud. No hay nada como la juventud. La gente de mediana edad tiene su vida hipotecada. Los viejos están relegados en el desván de la vida. Pero los jóvenes, son los dueños de la vida. Los jóvenes tienen un reino esperándolos. Todo hombre nace rey y la mayoría muere en el destierro, como muere la mayor parte de los reyes. Podría hacer cualquier cosa yo, Gerald, para reconquistar mi juventud. Cualquier cosa... excepto hacer ejercicio, levantarme temprano o ser un miembro útil de esta sociedad.

GERALD.— Pero... usted no es un hombre viejo, Lord Illingworth.

LORD ILLINGWORTH.— Soy bastante viejo... Podría ser su padre, Gerald.

GERALD.— No recuerdo a mi padre; murió hace muchos años.

LORD ILLINGWORTH.— Eso me dijo Lady Hunstanton.

GERALD.— Es curioso, pero mi madre no me habla nunca de mi padre. A veces sospecho que quizás él, era de clase más elevada.

LORD ILLINGWORTH.— *(Con una ligera sonrisa.)* ¿Sí? *(Se adelanta y pone la mano en el hombro de Gerald.)* ¿Sintió mucho, usted, la falta de su padre, Gerald?

GERALD.— ¡Oh, no! ¡Mi madre ha sido muy buena conmigo! Nadie tuvo jamás una madre como la mía.

LORD ILLINGWORTH.— No lo dudo. Sin embargo, tengo la idea de que la mayoría de las madres no terminan de comprender del todo a sus hijos. No se dan cuenta de que sus hijos pueden tener ambiciones, pueden querer vivir la vida y hacerse un nombre por sí solos. Después de todo, Gerald, no esperaría usted pasarse la vida entera en un agujero como Wrockley, ¿verdad?

GERALD.— ¡Oh, no! Sería terrible.

LORD ILLINGWORTH.— El amor materno es muy conmovedor, pero, por momentos, es algo egoísta. Quiero decir que hay una buena cuota de egoísmo en él.

GERALD.— *(Lentamente.)* Es posible...

LORD ILLINGWORTH.— Su madre parece ser una mujer muy buena. Pero las mujeres buenas ¡tienen una visión tan limitada de la vida! ¡Su universo es tan acotado! Sus intereses tienen que ver con cosas tan… vulgares… de tan poca importancia…

GERALD.— Es verdad. Se preocupan por cosas que a nosotros no nos interesan en lo más mínimo.

LORD ILLINGWORTH.— ¿Su madre es muy religiosa?

GERALD.— ¡Oh, sí! Va a misa cada vez que puede…

LORD ILLINGWORTH.— ¡Ah! No es moderna. Y eso es lo único que vale la pena hoy en día. ¿Usted quiere ser moderno, verdad, Gerald? ¿Quiere conocer lo que es la vida? Bien. Por lo pronto, lo que debe hacer es prepararse para ingresar en la mejor sociedad. Un hombre que puede dominar la mesa de una cena en Londres, puede dominar el mundo. El futuro es de los dandys. Los elegantes gobernarán el mundo.

GERALD.— Me gustaría vestirme bien, pero me han dicho que no es bueno que un hombre piense demasiado en sus trajes.

LORD ILLINGWORTH.— La gente hoy en día, es tan superficial, que no comprende la filosofía de lo superficial. A propósito, Gerald, usted tiene que aprender a hacerse mejor el nudo de la corbata. Que sea funcional, está muy bien para el ojal. Pero en el nudo de la corbata, lo esencial, es el estilo. Un nudo de corbata bien hecho es el primer paso serio en la vida.

GERALD.— *(Sonriendo.)* Puedo mejorar el nudo de mi corbata, Lord Illingworth, pero lo que no creo poder conseguir, es hablar como usted. Yo no sé hablar así.

LORD ILLINGWORTH.— ¡Oh! Hábleles a las mujeres como si estuviera enamorado de ellas y a los hombres como si lo aburriesen, al final de su primera temporada habrá cosechado fama de poseer el más perfecto tacto social.

GERALD.— ¿Es muy difícil entrar en sociedad?

LORD ILLINGWORTH.— Hoy en día, para entrar en la alta sociedad, hay que darle algo a la gente, hay que escandalizarla o divertirla, ¡es solo eso!

GERALD.— ¿Uno se divierte mucho en sociedad, verdad?

LORD ILLINGWORTH.— Formar parte de ella, y nada más, es insoportable. Estar excluido de ella es una tragedia. Pero la buena sociedad es necesaria. Ningún hombre consigue ser exitoso en este mundo si no cuenta con el apoyo de las mujeres, y las mujeres gobiernan en esta sociedad. Usted podría ser abogado, agente de bolsa o periodista, que nada de eso le serviría, si no cuenta con el apoyo de las mujeres.

GERALD.— ¿Es muy difícil comprender a las mujeres?

LORD ILLINGWORTH.— No intente nunca comprenderlas. Las mujeres son cuadros. Los hombres son problemas. Si usted quiere saber en qué piensa una mujer (cosa peligrosa si las hay), mírela, no la escuche.

GERALD.— Son muy inteligentes, ¿no?

LORD ILLINGWORTH.— Es bueno decirles eso. Pero para el filósofo, mi querido Gerald, la mujer representa el triunfo de la materia sobre el espíritu, de la misma manera en que el hombre representa el triunfo del espíritu sobre la moral.

GERALD.— ¿Cómo pueden tener tanto poder como usted dice?

LORD ILLINGWORTH.— La historia de las mujeres es la historia de la tiranía más perversa que se haya conocido. La tiranía del débil sobre el fuerte. Es la única tiranía que puede durar siglos.

GERALD.— Pero, lo que han adquirido, ¿no es más bien una influencia refinada?

LORD ILLINGWORTH.— Nada refina más que la inteligencia.

GERALD.— ¿Hay muchos tipos diferentes de mujeres?

LORD ILLINGWORTH.— En sociedad, sólo hay dos; las naturales y las que se maquillan.

GERALD.— Pero ¿Hay mujeres buenas en sociedad?

LORD ILLINGWORTH.— Demasiadas.

GERALD.— ¿Demasiadas? ¿Usted cree que no deberían ser buenas?

LORD ILLINGWORTH.— No hay que decirles nunca eso, porque se harían todas buenas al instante. La mujer es un sexo fascinantemente terco. Y son rebeldes, salvajemente rebeldes, y casi siempre, están en rebelión contra ellas mismas.

GERALD.— ¿Usted nunca se ha casado, verdad, Lord Illingworth?

LORD ILLINGWORTH.— Los hombres se casan por cansancio; las mujeres, por curiosidad. Ambos quedan defraudados.

GERALD.— ¿No cree que alguien pueda ser feliz estando casado?

LORD ILLINGWORTH.— Claro que sí. Perfectamente feliz. Pero la felicidad de un hombre casado depende de las mujeres con las que no se ha casado.

GERALD.— Pero, ¿y si uno está enamorado?

LORD ILLINGWORTH.— Uno debería estar siempre enamorado; esa es la razón por la que no debería casarse nunca.

GERALD.— El amor es maravilloso, ¿no?

LORD ILLINGWORTH.— Cuando uno se enamora, lo que hace, es engañarse a sí mismo. Y termina por engañar también a los demás. Esto es lo que comúnmente se llama "romance". Pero una pasión verdadera es otra cosa, y es muy rara hoy en día. Es un privilegio de la gente que no tiene nada que hacer. Es para lo único que sirven las clases ociosas de un país y la única explicación posible de que existamos nosotros, los Harford.

GERALD.— ¿Los Harford, Lord Illingworth?

LORD ILLINGWORTH.— Es el apellido de mi familia. Usted tendrá que estudiar la Guía de la Nobleza, Gerald. Es el único libro que debe estudiar por completo un muchacho que vive en Londres, es lo mejor que ha producido Inglaterra. Y ahora, mi querido Gerald, usted va a entrar conmigo en una vida completamente nueva y quiero que aprenda a vivirla y disfrutarla. (Aparece Mistress Arbuthnot por la puerta de la terraza, de espaldas a ellos.) ¡Porque el mundo ha sido hecho por los tontos para que los sabios vivan en él!

(Por la izquierda, entran Lady Hunstanton y el Archid. Daubeny.)

LADY HUNSTANTON.— ¡Ah! Aquí está mi querido Lord Illingworth ¿Le ha estado contando a nuestro joven amigo Gerald, sobre sus nuevas tareas? ¿Le ha estado dando consejos mientras fumaban un cigarrillo?

LORD ILLINGWORTH.— Claro, Lady Hunstanton. Lo he convidado con los mejores consejos y cigarrillos que tenía.

LADY HUNSTANTON.— ¡Lamento no haber estado aquí para escucharlo! Aunque creo que ya estoy muy vieja para aprender cosas nuevas, salvo de usted, mi querido Archidiácono, a quién escucho con mucha atención cuando se halla en su hermoso púlpito. Pero en ese caso, sé por adelantado lo que va a decir. *(Mira a Mistress Arbuthnot.)* ¡Ah, señora Arbuthnot, venga con nosotros! Venga, querida. *(Mistress Arbuthnot entra.)* Gerald ha estado conversando con Lord Illingworth; debe estar usted muy contenta con el giro que han tomado las cosas para él. Venga, sentémonos. *(Se sientan.)* ¿Y cómo va su bonito bordado?

MISTRESS ARBUTHNOT.— Sigo trabajando en él, Lady Hunstanton.

LADY HUNSTANTON.— ¿La señora Daubeny también borda, verdad?

ARCHID. DAUBENY.— Antes manejaba la aguja como una Dorcas. Era una verdadera artista. Pero ahora, la gota, le ha entorpecido mucho los dedos. Hace diez años, más o menos, que no toca el bastidor. Pero se distrae con otras cosas. Se preocupa por su salud, por ejemplo.

LADY HUNSTANTON.— ¡Ah! Eso es una linda distracción, ¿no?... Lord Illingworth, cuéntenos ¿de qué estaba hablando usted?

LORD ILLINGWORTH.— Iba a explicarle a Gerald cómo el mundo se ríe de sus tragedias; ya que es la única manera en que puede soportarlas. Y, por lo tanto, todo lo que el mundo ha tratado con seriedad, en realidad, pertenece al lado cómico de la vida.

LADY HUNSTANTON.— Eso escapa a mi entendimiento... Lo cual me sucede siempre que Lord Illingworth habla de algo. Y la sociedad… esta sociedad es muy indiferente. Nunca me ayudan. Dejan que me hunda y me ahogue. Tengo la idea, mi querido Lord Illingworth, que no logro comprenderlo porque usted está siempre del lado de los pecadores, y yo intento estar del lado de los santos, al menos hasta donde puedo. Igualmente, puede que esto sea un desvarío propio de alguien que está ahogándose.

LORD ILLINGWORTH.— La única diferencia entre los santos y los pecadores es que el santo tiene un pasado y el pecador un futuro.

LADY HUNSTANTON.— ¡Oh! No puedo responder a eso… no tengo nada que decir. Usted y yo, mi querida señora Arbuthnot, somos de otros tiempos. No podemos seguir a Lord Illingworth. Temo que haya evitado recibir nuestra educación. Haber sido bien educada es una gran desventaja hoy en día. Nos cierra muchas puertas.

MISTRESS ARBUTHNOT.— Lamentaría opinar como Lord Illingworth en algunos temas.

LADY HUNSTANTON.— Tiene razón, querida.

(Gerald se encoge de hombros y mira irritado a su madre. Entra Lady Caroline.)

LADY CAROLINE.— Jane, ¿has visto a John por aquí?

LADY HUNSTANTON.— No te preocupes tanto por él, querida. Debe estar con Lady Stutfield; los vi en el salón amarillo hace un rato. Parecían contentos, la estaban pasando muy bien juntos. No te vayas, quédate querida, ven siéntate.

LADY CAROLINE.— Mejor iré a buscar a John, Lady Hunstanton, le agradezco. *(Lady Caroline se retira.)*

LADY HUNSTANTON.— No se debería estar tan encima de los hombres. Y Caroline no tiene por qué preocuparse. Lady Stutfield es muy simpática. Es simpática con todo el mundo, tiene un carácter admirable. *(Entran Sir john y Mistress Allonby.)* ¡Ah, aquí está Sir John! ¡Y con la señora Allonby! Creo que fue con la señora Allonby con quien lo había visto. Sir John, Caroline estaba buscándolo por todas partes.

MISTRESS ALLONBY.— La hemos estado esperando en la sala de música, Lady Hunstanton.

LADY HUNSTANTON.— ¡Ah, es verdad! ¡En la sala de música! Creí que era en el salón amarillo. ¡Mi memoria ya no es la de antes! *(Al Archidiácono.)* La señora Daubeny sí que tiene una memoria admirable, ¿no?

ARCHID. DAUBENY.— Sí, hace tiempo poseía una memoria admirable; pero desde su último ataque no recuerda más que momentos de su primera infancia. Pero los disfruta mucho… eso sí. Son buenos recuerdos que le traen gran placer.

(Entran Lady Stutfield y Mister kelvil.)

LADY HUNSTANTON.— ¡Ah, mi querida Lady Stutfield! Ha estado hablando con el señor Kelvil… ¿De qué hablaron?

LADY STUTFIELD.— Hablábamos sobre el bimetalismo, si mal no recuerdo.

LADY HUNSTANTON.— ¿Bimetalismo? ¿Es un tema agradable? Ya sé que en nuestros días la gente discute de todo con entera libertad, pero... Bueno, y usted Sir John, ¿de qué hablaba con la querida señora Allonby?

MISTRESS ALLONBY.— De la Patagonia.

LADY HUNSTANTON.— ¿De verdad? ¡Qué tema tan remoto! Pero de gran utilidad, indudablemente.

MISTRESS ALLONBY.— Ha estado muy interesante. Parece que los salvajes tienen las mismas ideas que las personas cultas sobre casi cualquier cosa. Están muy adelantados.

LADY HUNSTANTON.— ¿Qué hacen?

MISTRESS ALLONBY.— Por lo visto, de todo.

LADY HUNSTANTON.— ¡Vaya! Es muy bueno encontrar que la Naturaleza Humana permanezca, ¿verdad mí querido Archidiácono? A fin de cuentas, vivimos todos en el mismo mundo, ¿no?

LORD ILLINGWORTH.— Un mundo que se divide en dos clases: los que creen lo increíble, como el público en general, y los que hacen lo improbable...

MISTRESS ALLONBY.— ¿Como usted?

LORD ILLINGWORTH.— Sí, yo siempre me asombro de mí mismo. Es lo único que hace a la vida digna de ser vivida.

LADY STUTFIELD.— ¿Y qué ha hecho usted últimamente que lo haya asombrado?

LORD ILLINGWORTH.— Estuve descubriendo y puliendo toda clase de hermosas cualidades en mi carácter.

MISTRESS ALLONBY.— ¡Ah! ¡No quiera usted llegar tan rápido a la perfección! ¡Vaya despacio!

LORD ILLINGWORTH.— No intento llegar a la perfección. Al menos, no por ahora. Sería un problema. Las mujeres nos aman por nuestros defectos. Si tenemos los suficientes, son capaces de perdonarnos todo, incluso nuestros gigantescos intelectos.

MISTRESS ALLONBY.— Es equivocado pedirnos que perdonemos el análisis. Nosotras, perdonamos la adoración. Es lo que se espera de nosotras.

(Entra Lord Alfred. Va hacia Lady Stutfield.)

LADY HUNSTANTON.— ¡Ah! Nosotras, deberíamos perdonar todo, ¿verdad, mi querida Arbuthnot? Estoy segura que coincidirá conmigo.

MISTRESS ARBUTHNOT.— No coincido, Lady Hunstanton. A mi juicio, hay muchas cosas que las mujeres no debíamos perdonar nunca.

LADY HUNSTANTON.— ¿Cómo cuáles?

MISTRESS ARBUTHNOT.— La ruina de la vida de otra mujer. *(Se va lentamente hacia el fondo de la escena.)*

LADY HUNSTANTON.— ¡Ah! Esas cosas son muy tristes, es verdad; pero existen instituciones muy respetables que se ocupan de cuidar y de reformar a esa clase de personas. Igualmente, creo que el secreto de la vida está en tomarse las cosas con mucha tranquilidad.

MISTRESS ALLONBY.— El secreto de la vida está en no tener nunca una emoción dolorosa, que nada nos incomode.

LADY STUTFIELD.— El secreto de la vida está en saber apreciar los momentos de desilusión, en sentir el placer de encontrarse terriblemente desilusionada.

KELVIL.— El secreto de la vida está en resistir la tentación, Lady Stutfield.

LORD ILLINGWORTH.— El secreto de la vida no está en ningún lado. No existe el secreto de la vida. El propósito de vivir, si es que hay alguno, es estar siempre buscando tentaciones. No hay muchas. A veces me paso todo el día y no logro encontrar una sola. Es horrible. Esto me hace preocuparme mucho por el futuro.

LADY HUNSTANTON.— *(Señalándolo con su abanico.)* Ha sido bastante interesante escucharlo hoy, querido Lord Illingworth. Todo lo que usted ha dicho me pareció excesivamente inmoral.

LORD ILLINGWORTH.— Todo pensamiento es inmoral. La destrucción está en su propia naturaleza. Pensar en una cosa es matarla. Nada sobrevive cuando es objeto de pensamiento.

LADY HUNSTANTON.— No comprendo nada, Lord Illingworth. Pero no dudo de sus palabras. En lo personal no tengo mucho que reprocharme en materia de pensamiento. No creo que las mujeres pensemos demasiado. Deberíamos pensar con moderación, de la misma manera en que deberíamos hacer todo, con moderación.

LORD ILLINGWORTH.— La moderación, Lady Hunstanton, es terrible. Ningún éxito se consigue sin una cuota de exceso.

LADY HUNSTANTON.— Voy a intentar recordar eso. Aunque es probable que la olvide... de a poco voy olvidándome de todo. Es una desgracia.

LORD ILLINGWORTH.— Esa es una de sus cualidades más fascinantes, Lady Hunstanton. Las mujeres no deberían tener memoria. La memoria es el comienzo de la dejadez y el desaliño. Uno puede deducir, por el sombrero de una mujer, si tiene memoria o no.

LADY HUNSTANTON.— ¡Qué encantador, querido Lord Illingworth! Siempre descubre que el defecto más evidente que una tiene, es en realidad su mayor virtud. Su visión de la vida es muy consoladora.

(Entra Farquhar.)

FARQUHAR.— El coche del archidiácono Daubeny.

LADY HUNSTANTON.— ¡Mi querido Archidiácono! Son sólo las diez y media.

ARCHID. DAUBENY.— *(Levantándose.)* Lamento mucho tener que irme, Lady Hunstanton. Las noches de los martes son complicadas para mi esposa.

LADY HUNSTANTON.— *(Levantándose.)* Bien; entonces no lo retengo más. *(Lo acompaña hasta la puerta.)* Le he dicho a Farquhar que le dejara en el coche un par de perdices. Quizá a la señora Daubeny le gusten.

ARCHID. DAUBENY.— Es muy amable de su parte Lady Hunstanton, pero la señora Daubeny no puede comer alimentos sólidos. Come sólo puré y sopa. Pero está siempre muy alegre, asombrosamente alegre. No se queja de nada. *(Sale con Lady Hunstanton.)*

MISTRESS ALLONBY.— *(Acercándose a Lord Illingworth.)* Qué luna tan hermosa hay esta noche, ¿verdad?

LORD ILLINGWORTH.— Contemplémosla. En estos tiempos contemplar algo variable resulta encantador.

MISTRESS ALLONBY.— Para eso tiene usted su espejo.

LORD ILLINGWORTH.— No sea cruel. Únicamente me muestra mis arrugas.

MISTRESS ALLONBY.— El mío se porta mejor. Siempre me miente.

LORD ILLINGWORTH.— O sea que está enamorado de usted...

(Salen Sir John, Lady Stutfield, Mister Kelvil y Lord Alfred.)

GERALD.— *(A Lord Illingworth.)* ¿Puedo ir yo también?

LORD ILLINGWORTH.— ¡Claro querido! Venga. *(Va hacia la puerta con Mistress Allonby y Gerald. Llega Lady Caroline, mira rápidamente el lugar, y se va en dirección opuesta a la que han tomado Sir John y Lady Stutfield.)*

MISTRESS ARBUTHNOT.— Gerald…

GERALD.— Mamá. Dime…

(Lord Illingworth sale con Mistress Allonby.)

MISTRESS ARBUTHNOT.— Es tarde. Deberíamos irnos a casa.

GERALD.— Esperemos un poco más, mamá… Lord Illingworth es tan sabio… Además, tengo una sorpresa que darte. A fin de mes, nos vamos para la India. ¿No es grandioso?

MISTRESS ARBUTHNOT.— Vamos a casa.

GERALD.— Si tú quieres, está bien, nos iremos… pero debo despedirme de Lord Illingworth primero. En cinco minutos vuelvo. (Se va.)

MISTRESS ARBUTHNOT.— Que se vaya; no me molesta, ¡pero no con él..., no con él! No voy a poder soportarlo. *(Da vueltas de un lado a otro.)*

(Entra Hester.)

HESTER.— ¡Qué linda está la noche, señora Arbuthnot!

MISTRESS ARBUTHNOT.— ¿Sí?

HESTER.— Si... Señora Arbuthnot, a mí me encantaría que seamos amigas. ¡Usted es tan distinta de las otras mujeres! Cuando entró al salón, se notaba que traía consigo un aura de todo lo bueno y puro que puede haber en la vida. Fui muy torpe. Hay cosas que es bueno decirlas, pero hay que encontrar los tiempos y los lugares, y sobre todo, hay que encontrar a quien decírselas.

MISTRESS ARBUTHNOT.— Escuché lo que usted dijo, y estoy de acuerdo con ello, señorita Worsley.

HESTER.— No sabía que lo había escuchado. Pero sabía que iba a estar de acuerdo conmigo. Una mujer que ha pecado debe ser castigada, ¿no es verdad?

MISTRESS ARBUTHNOT.— Sí.

HESTER.— Debería prohibírsele el acceso a la sociedad de los hombres y las mujeres honradas.

MISTRESS ARBUTHNOT.— Debería prohibírsele. Bien dice.

HESTER.— ¿Y al hombre? ¿Debía castigárselo de la misma manera?

MISTRESS ARBUTHNOT.— De la misma manera. Así es... ¿Y si tuvieran hijos? ¿A los hijos, debería castigárselos de la misma manera?

HESTER.— Sí, creo que sí. Es justo que los pecados de los padres recaigan sobre los hijos. Es una ley justa y es la ley de Dios.

MISTRESS ARBUTHNOT.— Es una de las terribles leyes de Dios.

(Se acerca a la chimenea.)

HESTER.— ¿Usted está afligida por la partida de su hijo, señora Arbuthnot?

MISTRESS ARBUTHNOT.— Sí.

HESTER.— ¿Le agrada Lord Illingworth? Quiero decir… ¿le agrada la idea de que su hijo se vaya con él? Eso representa una posición, y dinero; claro está. Pero la posición y el dinero no son todo, ¿verdad?

MISTRESS ARBUTHNOT.— No son nada: esas cosas traen sufrimientos.

HESTER.— Entonces, ¿por qué deja usted que se vaya con él?

MISTRESS ARBUTHNOT.— Porque es lo que desea.

HESTER.— Pero si usted le ruega que se quede… ¿no se quedaría?

MISTRESS ARBUTHNOT.— Está muy interesado en ese viaje.

HESTER.— Él no le va a negar nada a usted. La ama demasiado. Pídale que se quede. Si quiere, le digo que venga. En este momento está en la terraza con Lord Illingworth. Escuché cómo reían al cruzar la sala de música.

MISTRESS ARBUTHNOT.— No se moleste, señorita Worsley; puedo esperar a que venga. No tiene importancia.

HESTER.— No voy a decirle que usted lo necesita. Hágalo, ruéguele que se quede. *(Hester sale.)*

MISTRESS ARBUTHNOT.— No querrá venir... Sé que no querrá...

(Entra Lady Caroline. Mira ansiosamente a su alrededor. Entra Gerald.)

LADY CAROLINE.— Señora Arbuthnot, ¿Sabe usted si Sir John está en la terraza?

GERALD.— No, Lady Caroline; no está en la terraza.

LADY CAROLINE.— Es muy extraño. Casi es hora de irnos.

(Lady Caroline se va.)

GERALD.— Mamá, lamento haberte hecho esperar. Me olvidé por completo. ¡Esta noche me hizo tan feliz, mamá! Nunca fui tan feliz.

MISTRESS ARBUTHNOT.— ¿Por la noticia del viaje?

GERALD.— No te pongas mal. Claro que no me alegra la idea de alejarme de ti, que eres la mejor madre del mundo. Pero, como dice Lord Illingworth, es muy difícil para un muchacho como yo vivir en un lugar como Wrockley. Quizás a ti no te importe, pero yo soy ambicioso, mamá; necesito algo más que esto. Necesito ganarme una posición. Hacer algo por lo que te sientas orgullosa de mí, y Lord Illingworth va a ayudarme en esa tarea. Está dispuesto a hacer todo por mí.

MISTRESS ARBUTHNOT.— Gerald no te vayas con Lord Illingworth. Te lo ruego. ¡Por favor, Gerald!

GERALD.— Mamá, ¡qué inconstante eres! Cualquiera diría que no sabes lo que quieres. Hace una hora y media, en el salón, me dijiste que vaya, aprobabas todo; ahora me dices que no, e intentas forzarme a que renuncie a mi única oportunidad de llegar al éxito. Sí, a mi única oportunidad. No creerás que todos los días se encuentran hombres como Lord Illingworth, ¿verdad, mamá? Es muy extraño. Una vez que encuentro una oportunidad tan clara para poder hacer una fortuna, la única persona que me pone palos en la rueda, que me dificulta las cosas, es mi propia madre. Además, mamá, ya sabes que estoy enamorado de Hester Worsley. La amo más de lo que te he contado, mucho más. Y si tuviese yo una posición, un futuro, podría... podría preguntarle si... ¿Entiendes, mamá, lo que significa para mí ser secretario de Lord Illingworth? Poder comenzar desde este punto es una suerte… es como encontrarse con una carrera ya hecha esperándolo a uno. Si fuese secretario de Lord Illingworth, podría pedirle a Hester que fuese mi mujer. En cambio, pedirle eso, siendo un infeliz escribiente de Banco, con cien libras al año, es una impertinencia.

MISTRESS ARBUTHNOT.— Me parece que estas equivocado con respecto a la señorita Worsley. Conozco sus ideas sobre la vida. Justamente, hace un momento, acaba de contármelas.

(Una pausa.)

GERALD.— Entonces, lo único que me queda es mi ambición. ¡Y me alegro de tenerla y no perderla! Siempre has querido destruir mi ambición, mamá... ¿No es verdad? Me dijiste que el mundo era un lugar perverso, que no valía la pena perseguir el éxito, que la sociedad era frívola, superficial, y toda clase de cosas... Pero bueno… yo no lo veo así, mamá. Yo veo un mundo delicioso. Veo una sociedad exquisita. Veo que el éxito es digno de ser perseguido. Y veo también, que estás equivocada, mamá;

completamente equivocada. Lord Illingworth es un hombre de éxito, ha triunfado. Es elegante. Vive en el mundo y para el mundo. En fin… yo daría cualquier cosa por parecerme a Lord Illingworth.

MISTRESS ARBUTHNOT.— Y yo, antes, preferiría verte muerto.

GERALD.— Mamá, ¿qué tienes en contra de Lord Illingworth? Dime… Sé sincera…

MISTRESS ARBUTHNOT.— Es un hombre perverso.

GERALD.— ¿Por qué es perverso? ¿En qué sentido? No entiendo en que te basas para decir eso.

MISTRESS ARBUTHNOT.— En algún momento te lo explicaré.

GERALD.— Creo que lo consideras perverso porque no comparte tu manera de ver las cosas. Bueno, eso es natural. Los hombres y las mujeres son diferentes, mamá. Es lógico que tengan ideas diferentes.

MISTRESS ARBUTHNOT.— Lo que hace perverso a Lord Illingworth, no es lo que cree o lo que deja de creer, sino lo que es.

GERALD.— Mamá, entonces… ¿Sabes algo de él? ¿Es eso? ¿Sabes algo?

MISTRESS ARBUTHNOT.— Sé algo.

GERALD.— ¿Algo de lo que estás completamente segura?

MISTRESS ARBUTHNOT.— Completamente.

GERALD.— ¿Cuánto hace que lo sabes?

MISTRESS ARBUTHNOT.— Hace veinte años.

GERALD.— ¿No es demasiado? Ir a buscar veinte años atrás en la vida de cualquier hombre… Además, ¿Qué tenemos que ver nosotros, tú y yo, con los primeros años de la vida de Lord Illingworth? ¿Qué nos importa?

MISTRESS ARBUTHNOT.— Nos importa porque lo que fue ese hombre, es lo que sigue siendo y es lo que siempre será…

GERALD.— Mamá, ¿quieres decirme, por favor, qué es lo que hizo Lord Illingworth? Si cometió algún acto deshonroso, no me iré con él. Me conoces, sabes que eso haré.

MISTRESS ARBUTHNOT.— Gerald, ven, acércate. Ponte muy cerca de mí, como cuando eras un niño, cuando eras el niñito de mamá. *(Gerald se sienta al lado de su madre. Ella le pasa los dedos por el cabello y le acaricia las manos suavemente.)* Gerald, en otro tiempo, existió una muchacha muy joven, que tendría no más de veinte años. George Harford, - que era entonces el nombre de Lord Illingworth - la conoció. Ella era muy ingenua, no sabía nada de la vida. Él... sabía todo. Hizo que la muchacha se enamore de él. Y ella se enamoró perdidamente. Llegó a amarlo tanto que una mañana abandonó junto a él la casa de sus padres. ¡Ella estaba muy enamorada, y él le había prometido que se casarían! Y ella le creyó… Era muy joven, ignoraba lo que realmente es la vida. Él comenzó a demorar el matrimonio, de semana en semana, de mes en mes... Ella seguía confiando en él, siempre. Lo amaba... Antes de que su hijo naciese -porque tuvieron un hijo- le suplicó, que pensara en el niño, y que se casaran, para que su hijo pudiese tener un apellido, para que no recayera sobre el niño, que era inocente, el peso de un pecado que no había cometido. Él se negó. Después del nacimiento del niño, ella se separó de él. Se llevó a su hijo, destrozada ya su vida, su alma, y toda la dulzura, la bondad y la pureza que en algún momento pudo haber en ella. Sufrió terriblemente... incluso hoy sigue sufriendo. Sufrirá siempre. Para ella no existe ni la paz, ni la alegría. Es una mujer que arrastra una cadena como si fuera un criminal. Es una mujer que lleva una máscara, como un leproso. Ya ni el fuego puede purificarla. Las aguas no pueden sofocar su angustia. ¡Nada puede curarla! ¡No existe narcótico que la haga dormir! ¡Ni el opio podría hacerla olvidar! ¡Está perdida! ¡Es un alma perdida!... Por eso es que digo que Lord Illingworth es un hombre perverso. Y por eso no quiero que mi hijo esté con él.

GERALD.— Mi querida madre… es muy trágica la historia que me cuentas. Pero me atrevo a decir que el accionar de la muchacha es casi tan reprochable como el de Lord Illingworth... O sea… una muchacha honrada y de buenos sentimientos, ¿Se marcharía de su hogar con un hombre con quien no está casada para vivir con él como si fuera su mujer? Ninguna muchacha buena haría eso.

MISTRESS ARBUTHNOT.— *(Después de una pausa.)* Gerald, olvídate de lo que he dicho, retiro todas mis objeciones. Eres libre de irte con Lord Illingworth, cuando quieras y a donde te parezca.

GERALD.— Mi querida madre, ya sabía que no pondrías palos en la rueda, y dejarías libre mi camino. Eres la mejor mujer que Dios ha creado. En cuanto a Lord Illingworth, no lo creo capaz de hacer nada infame o vil. No puedo creer algo así de él, no puedo...

HESTER.— *(Desde afuera.)* ¡Suélteme! ¡Suélteme! *(Hester entra aterrada, corre hacia Gerald y se arroja en sus brazos.)*

HESTER.— ¡Oh! ¡Sálveme usted Gerald..., sálveme!

GERALD.— Pero… ¿De quién?

HESTER.— ¡Me ha ofendido! ¡Fue horrible la manera en la que me ha ofendido! ¡Sálveme Gerald!

GERALD.— ¿Quién?... ¿Quién se ha atrevido a ofenderla?...

(Entra Lord Illingworth desde el fondo de la escena. Hester se separa de los brazos de Gerald y lo señala.)

GERALD.— *(Completamente fuera de sí, rabioso e indignado.)* ¡Lord Illingworth, usted se ha atrevido a ofender al ser más puro que hay en la faz de la tierra, a un ser tan puro como mi madre! ¡Usted ha ofendido a la mujer a la cual, junto con mi madre, más amo en el mundo! ¡Como que hay un Dios en el cielo, juro que voy a matarlo!

MISTRESS ARBUTHNOT.— *(Interponiéndose entre los dos y deteniéndolo.)* ¡No! ¡No!

GERALD.— *(Empujándola hacia atrás.)* ¡No me detengas, mamá! ¡No me detengas.... voy a matarlo!

MISTRESS ARBUTHNOT.— ¡Gerald! ¡Por favor!

GERALD.— ¡Te digo que me sueltes!

MISTRESS ARBUTHNOT.— ¡Detente, Gerald; detente! ¡Él es tu padre!

(Gerald toma las manos de su madre y la mira fijamente a la cara. Ella cae lentamente al suelo, llena de vergüenza. Hester se escapa hacia la puerta. Lord Illingworth frunce el ceño y se muerde los labios. Después de un momento, Gerald levanta a su madre, le pasa un brazo por la cintura y se la lleva fuera de la habitación.)

ACTO CUARTO

Sala de estar en la casa de Mistress Arbuthnot. En el fondo y hacia el jardín, hay una amplia puerta acristalada. Hay puertas en los laterales, una a la derecha y otra a la izquierda. Gerald Arbuthnot sentado frente a una mesa, escribe. Por la derecha, entra Alicia, seguida por Lady Hunstanton y Mistress Allonby.

ALICIA.— Lady Hunstanton y señora Allonby... *(Alicia sale por la puerta de la izquierda.)*

LADY HUNSTANTON.— Buen día, Gerald.

GERALD.— *(Se pone de pie.)* Buenos días, Lady Hunstanton. Buenos días, señora Allonby.

LADY HUNSTANTON.— *(Se sienta.)* Venimos preocupadas por su querida madre, Gerald. ¿Está mejor?

GERALD.— Aún no ha bajado, Lady Hunstanton.

LADY HUNSTANTON.— ¡Ah! Temo que anoche hizo demasiado calor para ella. ¿O sería el clima tormentoso que había en el aire? Me pareció haber escuchado truenos. Aunque quizá era la música. ¡La música hace que una se ponga tan romántica!... O por lo menos, que una clame sus nervios.

MISTRESS ALLONBY.— Hoy en día, ambas cosas son lo mismo.

LADY HUNSTANTON.— No comprendo lo que quiere decir querida, pero no importa. Puede que quiera decir algo malo. ¡Ah! Veo que está mirando usted la sala de estar de la señora Arbuthnot. Es muy agradable, ¿verdad? Tiene un aire como antiguo… o clásico…

MISTRESS ALLONBY.— *(Examina, con sus lentes, la sala de estar.)* Tiene el aspecto de un típico hogar inglés feliz.

LADY HUNSTANTON.— Eso es exactamente, querida. Es una gran descripción. Se siente el buen gusto de su madre, y la influencia de ella en todo lo que hay a su alrededor, Gerald.

MISTRESS ALLONBY.— Lord Illingworth dice que toda influencia es mala, y que incluso, la buena influencia es la peor que hay en el mundo...

LADY HUNSTANTON.— Cuando Lord Illingworth conozca un poco mejor a la señora Arbuthnot, cambiará de opinión, ya verá. Debí traerlo aquí.

MISTRESS ALLONBY.— Me gustaría ver a Lord Illingworth en un típico hogar inglés feliz.

LADY HUNSTANTON.— Le vendría muy bien, querida. Hoy en día parece que la mayor parte de las mujeres londinenses decoran sus casas tan sólo con orquídeas y novelas francesas. Pero aquí estamos en la casa de una santa. Flores naturales, libros que no escandalizan, cuadros que se pueden ver sin miedo a ponerse colorada.

MISTRESS ALLONBY.— Pero... a mí me gusta sonrojarme.

LADY HUNSTANTON.— Sí, no es que haya que evitarlo, pero hay que sonrojarse en el momento preciso. Mi pobre y querido esposo solía decirme que yo no me sonrojaba lo suficiente. ¡Pero era un hombre tan particular! No quería que yo conociese a ninguno de sus amigos, excepto a los que habían pasado los setenta, como el señor Lord Ashton, que dicho sea de paso, tuvo que comparecer un día ante el Tribunal de Divorcio. Un caso muy desafortunado.

MISTRESS ALLONBY.— Me encantan los hombres que han pasado los setenta años. Le ofrecen a una toda una vida de devoción. Creo que los setenta son la edad ideal para un hombre.

LADY HUNSTANTON.— Usted es incorregible, ¿verdad, Gerald? A propósito, espero que su madre, de hoy en adelante, venga a visitarme más seguido. Usted se irá pronto con Lord Illingworth, ¿verdad?

GERALD.— Ya no tengo intenciones de ser el secretario de Lord Illingworth.

LADY HUNSTANTON.— ¡Cómo es posible! ¿Qué dice, Gerald? No diga tonterías. ¿Qué razón tiene para dejar ese proyecto?

GERALD.— Creo que no poseo las condiciones necesarias para el cargo.

MISTRESS ALLONBY.— Me encantaría que Lord Illingworth me tuviera en cuenta para ser su secretaria. Pero dice que no puedo ocupar ese puesto, que no soy lo suficientemente seria.

LADY HUNSTANTON.— Usted no debería hablar de esa manera en esta casa, querida. La señora Arbuthnot no conoce los menesteres de la sociedad depravada en que nosotras vivimos. Y dudo que quisiera entrar en ella. Es demasiado buena. Debe haberle representado un gran esfuerzo ir anoche a visitarme. Pero me alegro que lo haya hecho, trajo consigo una atmósfera de respetabilidad a nuestra reunión.

MISTRESS ALLONBY.— ¡Ah! ¡Eso es lo que le hizo suponer a usted que había anoche un clima tormentoso!

LADY HUNSTANTON.— ¡No diga eso, querida! No hay relación entre ambas cosas. ¿Pero, Gerald, quiere usted explicarme, por qué dice que no tiene condiciones para el cargo?

GERALD.— Las ideas de Lord Illingworth sobre la vida y las mías difieren demasiado. Es sólo eso.

LADY HUNSTANTON.— ¡Pero a su edad, mi querido Gerald, usted no debería tener ideas sobre la vida! Eso está completamente fuera de lugar. En asuntos como este, a usted le conviene dejarse llevar por los demás. Lord Illingworth le ha hecho una oferta muy difícil de rechazar, debería ser para usted un honor. Además, viajando con él usted podrá ver el mundo, o, por lo menos, todo el mundo que puede verse. Estará bajo los mejores auspicios posibles, y podrá relacionarse con la mejor sociedad, lo cual es muy importante para este momento de su carrera.

GERALD.— No deseo ver el mundo, creo que ya he visto bastante.

MISTRESS ALLONBY.— Espero que no crea que ya ha agotado el mundo, señor Arbuthnot. Cuando alguien dice eso, ya se sabe que no pudo agotar completamente el mundo, sino que es el mundo el que lo ha agotado a él.

GERALD.— No quiero dejar sola a mi madre.

LADY HUNSTANTON.— Eso es una excusa, es pura pereza de su parte, Gerald. ¡No separarse de su madre! ¡Vamos! Si yo fuera su madre le insistiría para que partiese.

(Entra, por la izquierda, Alicia.)

ALICIA.— La señora Arbuthnot les manda un saludo a las señoras, y pide que la disculpen, pero tiene un fuerte dolor de cabeza y no puede ver a nadie esta mañana. (Se retira por la puerta derecha.)

LADY HUNSTANTON.— *(Levantándose.)* ¡Un fuerte dolor de cabeza! ¡Cómo lo siento! Quizá, Gerald, si por la tarde ella se siente mejor, pueda usted llevarla a Hunstanton.

GERALD.— Me temo que esta tarde no va a poder asistir, Lady Hunstanton.

LADY HUNSTANTON.— Bueno, entonces mañana. ¡Ah! Si usted tuviera padre, Gerald, no lo dejaría desperdiciar su vida aquí. Seguramente lo obligaría a irse en seguida con Lord Illingworth. ¡Pero las madres somos tan débiles! Les aceptamos todo a nuestros hijos. Somos puro corazón… Vamos, querida, tenemos que pasar por la parroquia a preguntar por la señora Daubeny, que parece que no anda muy bien de salud. El Archidiácono está soportando todo, y se maneja con mucha paciencia, es realmente admirable. Es el más maravilloso de los maridos. Un verdadero ejemplo a seguir. Adiós, Gerald; dele mis cariños a su madre, y dígale que se mejore.

MISTRESS ALLONBY.— Adiós, señor Arbuthnot.

GERALD.— Adiós.

(Lady Hunstanton y Mistress Allonby se van. Gerald se sienta y relee su carta.)

GERALD.— ¿Con qué nombre la firmo? Yo, que no tengo derecho a ninguno. *(Firma, mete la carta en un sobre, escribe los datos y cuando va a cerrarla, la puerta de la izquierda se abre y Mistress Arbuthnot entra. Gerald deja el lacre. Ambos se miran.)*

LADY HUNSTANTON.— *(A través de la puerta de vidrio del fondo.)* Adiós otra vez, Gerald. Salimos acortando camino por su lindo jardín. Acuérdese de mi consejo y váyase con Lord Illingworth.

MISTRESS ALLONBY.— Au revoir, señor Arbuthnot. No se olvide de traerme algo de sus viajes, cualquier cosa, ¡pero no un chal de la India!, ¡por nada del mundo un chal de la India!

(Se retiran.)

GERALD.— Mamá, acabo de escribirle.

MISTRESS ARBUTHNOT.— ¿A quién?

GERALD.— A mi padre. Le escribí para decirle que venga aquí esta tarde, a las cuatro en punto.

MISTRESS ARBUTHNOT.— No. No vendrá aquí. No pasará el umbral de la puerta de mi casa.

GERALD.— Madre. Es preciso que venga.

MISTRESS ARBUTHNOT.— Gerald, si quieres irte con Lord Illingworth, vete. Ya mismo. Vete antes de que me muera; pero no me pidas que lo vea y hable con él.

GERALD.— Mamá, no entiendes. Por ninguna razón me iría con Lord Illingworth, dejándote aquí, sola. Seguramente me conoces lo suficiente, y sabes que no haría eso. Le he escrito para decirle...

MISTRESS ARBUTHNOT.— ¿Qué? ¿Qué tienes que decirle?

GERALD.— ¿No adivinas, mamá? ¿No sabes que le he escrito?

MISTRESS ARBUTHNOT.— No.

GERALD.— Seguramente lo sabes, mamá. Piensa, piensa. ¿Qué es lo que hay que hacer ahora?

MISTRESS ARBUTHNOT.— No hay nada que hacer…

GERALD.— Le he escrito a Lord Illingworth para decirle que debe casarse contigo.

MISTRESS ARBUTHNOT.— ¿Casarse conmigo?

GERALD.— Sí mamá. Yo lo forzaré a hacerlo. Tiene que reparar el daño que te ha hecho. Quizás la justicia tarda en llegar mamá, pero llega. Dentro de unos días serás la esposa legítima de Lord Illingworth.

MISTRESS ARBUTHNOT.— Pero Gerald....

GERALD.— Le insistiré hasta que lo haga. Voy a obligarlo a casarse contigo. No podrá negarse.

MISTRESS ARBUTHNOT.— ¡Pero Gerald, ahora soy yo la que no quiere casarse con él! Me niego a casarme con Lord Illingworth.

GERALD.— ¿Cómo que no quieres casarte con él? ¡Mamá!

MISTRESS ARBUTHNOT.— ¡Eso! No quiero casarme con él.

GERALD.— Pero, mamá... Es por ti que quiero que ese matrimonio se realice. Yo no gano nada en esto. Ese matrimonio es necesario por obvias razones. No me ayudará a mí en nada, no me dará el nombre que tengo derecho a llevar. Pero creo que sí representará algo para ti. Creo que es importante que tú, mamá, puedas llegar a ser, aunque de manera tardía, la esposa del hombre que es mi padre. ¿No es importante eso?

MISTRESS ARBUTHNOT.— No quiero casarme con él.

GERALD.— Debes hacerlo, mamá.

MISTRESS ARBUTHNOT.— No quiero. Hablas de reparar el mal que me ha hecho. Pero no hay reparación posible. ¿Cómo podría reparar la deshonra? Yo estoy deshonrada; él, no. Eso es todo. Es la típica historia entre un hombre y una mujer, historia que se repite siempre. Y el final, es también el de siempre, la mujer sufre, el hombre queda libre.

GERALD.— No sé si siempre se llega a ese final, mamá; espero que no. Pero sea como sea, tu vida no terminará así. Ese hombre te dará todas las reparaciones posibles. No es suficiente, lo sé. Eso no repara el pasado. Pero puede ser, al menos, el inicio de un mejor futuro para ti, mamá.

MISTRESS ARBUTHNOT.— Me niego a casarme con Lord Illingworth, Gerald.

GERALD.— Si él mismo viniera a arrodillarse frente a ti, y pedirte que fueses su esposa, no le dirías que no. Acuérdate de que es mi padre.

MISTRESS ARBUTHNOT.— Si él mismo viniera a rogarme, lo cual no hará, mi respuesta sería exactamente esa. Acuérdate de que soy tu madre.

GERALD.— Mamá, haces muy difícil mi tarea hablando así, de esa forma. Este asunto debería pensarse desde el punto de vista del honor y el derecho, desde el único punto de vista lógico. Se debe efectuar ese matrimonio porque es la única manera de quitar la amargura de tu vida, de hacer desaparecer la penumbra que cubre tu nombre. No hay otra alternativa. Después del matrimonio tú y yo podremos irnos juntos, bien lejos. Pero primero, debes casarte. Es casi un deber, una obligación que tienes que cumplir, no sólo por ti, mamá, sino por todas las demás mujeres..., sí; debes hacerlo por todas las demás mujeres del mundo, para que él no traicione a ninguna, nunca más.

MISTRESS ARBUTHNOT.— No estoy obligada a nada con las otras mujeres. Ninguna de ellas, ni una sola, me ayudó cuando lo necesité. No hay una sola mujer en el mundo a la que pueda ir a pedir su compasión, si quisiera aceptarla, o su simpatía si es que pudiese conquistarla. Las mujeres son muy crueles unas con otras. Anoche, esa muchacha, por buena que sea, se fue corriendo del salón como si yo fuese una cosa corrompida. Y tiene razón. Estoy corrompida. Pero mis culpas son sólo mías, y soy yo quien debe sufrirlas. ¿Qué tienen que ver conmigo, y yo con ellas, las mujeres que no han pecado? No nos comprendemos entre nosotras.

(A espaldas de ellos, por el fondo, entra Hester.)

GERALD.— Has lo que te pido mamá, te lo suplico.

MISTRESS ARBUTHNOT.— ¿Qué hijo, alguna vez, pidió a su madre que hiciese un sacrificio tan horrible? ¡Ninguno!

GERALD.— ¿Y qué madre, alguna vez, se negó a casarse con el padre de su hijo? ¡Ninguna!

MISTRESS ARBUTHNOT.— Entonces yo seré la primera. No quiero hacer eso.

GERALD.— Mamá; tanto tú, como yo, somos creyentes, me has enseñado a serlo. Bien, estoy seguro de que sabes que tu religión, la que me enseñaste cuando yo era apenas un niño, esa religión debe decirte que yo tengo razón, mamá. Tú lo sabes y lo sientes.

MISTRESS ARBUTHNOT.— No lo sé y no lo siento, y no caminaré hacia el altar, frente a Dios, para pedirle que bendiga una broma tan horrible como un casamiento entre yo y George Harford. No diré lo que la Iglesia nos manda a decir. No quiero. No me atrevo. ¿Cómo podría jurar amor al hombre que aborrezco, cómo podría honrar al que me trajo la deshonra, obedecer al que, con su dominio, me hizo pecar? No; el matrimonio es para quienes se aman. No para los que, como él o yo, quieren librarse de las burlas y los insultos del mundo, Gerald. Durante veinte años le he mentido al mundo entero. Todos hemos mentido alguna vez. ¿Quién puede decir siempre la verdad? Pero una cosa es mentir a todo el mundo, y otra cosa es, por mi propio interés ir a mentir en presencia de Dios. No, Gerald; ninguna ceremonia santificada por la Iglesia o sancionada por el Estado, me unirá con George Harford. Puede, igualmente, que ya esté demasiado ligada a él, quizás, al robarme, me ha dejado sin saberlo, más rica, a punto tal que en los peores momentos de mi vida pude encontrar, entre tanto sufrimiento, la más preciada perla que pude haber hallado en mi vida.

GERALD.— Ahora no te entiendo, madre.

MISTRESS ARBUTHNOT.— Los hombres no llegan a comprender lo que es ser madre. Yo no soy diferente a las demás mujeres, excepto en el mal que me han hecho, y en el mal que hice, y en el castigo que pago por haber pecado y en mi gran desgracia. Y, sin embargo, para defenderte, he tenido que enfrentar a la muerte. Para poder criarte, he tenido que luchar contra ella. La muerte peleó conmigo por ti. Todas las mujeres tienen que luchar con la muerte para salvar a sus hijos. Y esto, es porque la muerte no tiene hijos, y quiere los nuestros. Cuando estabas desnudo, Gerald, yo te vestí; cuando tenías hambre, te alimenté. Cuidé de ti durante largos inviernos, noche y día. No hay cuidado, que por pequeño, nos parezca innecesario cuando se trata del ser que amamos, nosotras, las mujeres... ¡y, oh, cómo te amaba yo, Gerald! Ni Ana amó tanto a Samuel. Y tú necesitabas amor. Eras muy débil, y tan solo el amor podía sostener tu vida. Sólo el amor puede sostener la vida de cualquiera. Y los niños, generalmente, no se preocupan por nada y causan dolor, y nosotras nos hacemos la idea de que cuando sean hombres y nos conozcan mejor, nos reconocerán el sacrificio. Pero no es así. El mundo los separa de nuestro lado, y encuentran amigos con los que son más felices que con nosotras, y se divierten con cosas de las que somos apartadas, y tienen intereses que no son los nuestros; y son injustos con nosotras, porque cuando encuentran que la vida es amarga, nos lo reprochan a nosotras, y cuando encuentran que es dulce, no saboreamos nunca su dulzura con ellos... Has tenido muchos amigos, con quienes te has divertido, has ido a sus casas, y yo, teniendo presente mi secreto, no me atrevía a acompañarte, y me quedaba sola en casa, con la puerta cerrada, para que no entre ni un rayo de sol, sentada en la oscuridad. ¿Qué iba a hacer en los hogares honrados? Mi pasado estaba siempre conmigo... Tú creíste que las cosas lindas de la vida me eran indiferentes. Pero, en realidad, las deseaba. Las deseaba con el alma, pero no me atrevía a tocarlas, porque sentía que no tenía derecho a hacerlo. Tú creíste que yo era más feliz trabajando entre los pobres. Que lo hacía porque ésa era mi misión. No lo era, ¿pero adónde iba a ir? El enfermo no pregunta si la mano que acomoda su almohada es pura, al moribundo no le preocupa que los labios que tocan su frente hayan conocido el beso del pecado. Yo pensaba todo el tiempo en ti; les daba a ellos el amor que tu no me pedías; les brindaba un amor que no era para ellos... Y seguramente creíste que yo dedicaba demasiado tiempo a la iglesia y a mis deberes religiosos. ¿Pero qué iba a hacer? ¿Hacia dónde podía ir? La Casa de Dios es la única casa en donde los pecadores son bienvenidos, pero tú estabas siempre en mi corazón, Gerald, siempre en mi corazón. Porque, aunque día tras día, me he arrodillado en la Casa de Dios, nunca me arrepentí de mi pecado. ¿Cómo podría arrepentirme de mi pecado si tú, amor mío, eres su fruto? Aun ahora que eres muy duro conmigo, no me arrepiento. No me arrepiento para nada. Tú eres para mí más que la inocencia. Prefiero ser tu madre -¡oh, sí, lo prefiero!- que haber sido siempre pura... ¿Comprendes ahora, Gerald? ¿Puedes verlo? Es mi deshonra la que me ha hecho quererte tanto. Es mi desgracia la que te ha ligado tan fuertemente a mí. Es el precio que tengo que pagar por ti, el precio que tengo que pagar con mi alma y mi cuerpo, el que me ha hecho amarte como te amo. ¡Oh, no me pidas esa cosa horrible, Gerald! No me pidas eso, hijo de mi vergüenza. Deja las cosas como están y sigue siendo el hijo de mi vergüenza.

GERALD.— Mamá, no sabía que me amabas hasta ese extremo. Y seré el mejor hijo que una madre pueda tener. Y te prometo que no nos separaremos nunca... Pero, mamá...; no puedo evitarlo..., es necesario que seas la esposa de mi padre. Es necesario que te cases con él. Es tu deber.

HESTER.— *(Adelantándose y abrazando a Mistress Arbuthnot.)* No, no; no lo haga. Hacer eso sería una verdadera deshonra: esa sería la primera deshonra que usted conocería. Sería una verdadera desgracia: la primera desgracia que usted sufriría. Déjelo y véngase conmigo. Hay otros países muy distintos a Inglaterra... Otros países cruzando el océano, países mejores, más cuerdos, con pueblos menos injustos. El mundo es muy grande y extenso.

MISTRESS ARBUTHNOT.— No, para mí no lo es. Mi mundo está reducido a lo ancho que mis manos pueden tocar, y a los lugares por donde camino, y esos lugares, están llenos de espinas.

HESTER.— No tiene por qué ser así. Encontraremos en alguna parte valles verdes y aguas frescas, y si lloramos, pues bien, lloraremos juntas. ¿Acaso no lo amamos las dos?

GERALD.— ¡Hester!

HESTER.— *(Apartándola con energía.)* ¡No, no! Usted, Gerald, no puede amarme a mí sin amarla también a ella. No puede honrarme si no la considera a ella una santa. Junto con ella hemos sido martirizadas todas las mujeres. No es ella sola, sino que somos todas nosotras las que hemos sido heridas y ofendidas junto con ella.

GERALD.— Hester, Hester, Dígame ¿qué debo hacer?

HESTER.— ¿Usted siente respeto hacia el hombre que es su padre?

GERALD.— ¿Respeto hacia él? ¡Lo desprecio! Es un infame.

HESTER.— Le agradezco que me haya salvado de él anoche.

GERALD.— ¡Ah! Eso no es nada. Moriría por salvarla. Pero no me dice usted, qué es lo que debo hacer ahora.

HESTER.— ¿No le he dado las gracias por haberme protegido?

GERALD.— ¿Pero qué debo hacer?

HESTER.— Pregúnteselo a su corazón, no al mío. Yo no he tenido nunca una madre a la cual salvar o enfrentar.

MISTRESS ARBUTHNOT.— ¡Es cruel!... ¡Muy cruel! Permítame que me vaya.

GERALD.— *(Se precipita abruptamente hacia su madre y se arrodilla junto a ella.)* Mamá, perdóname; no he visto la situación con claridad… merezco tus reproches.

MISTRESS ARBUTHNOT.— No beses mis manos, hijo mío: están frías. Mi corazón está frío; algo se ha destrozado en él.

HESTER.— ¡Ah! No diga eso. Los corazones se sienten vivos al sufrir heridas. El placer es capaz de petrificar un corazón, la riqueza puede insensibilizarlo, pero el sufrimiento... ¡oh! el sufrimiento no puede destrozarlo. Además, ¿por qué sufre ahora? En este momento él la quiere más que nunca, la quiere tanto como antes, o incluso más si eso es posible ¡Siempre la ha querido! ¡Ah! Sea buena con él.

GERALD.— Eres mi madre y mi padre juntos, no necesito un segundo padre. Hablaba por ti, y sólo pensando en ti, cuando hice este pedido. ¡Oh! Di algo, mamá. ¿Acaso encontré un amor tan sólo para perder otro? No me digas eso, mamá. ¡Oh, eres muy cruel! *(Se pone en pie, y llorando se arroja sobre un sofá.)*

MISTRESS ARBUTHNOT.— *(A Hester.)* Pero... ¿Realmente ha encontrado otro amor?

HESTER.— Ya sabe usted que sí, que siempre lo he amado.

MISTRESS ARBUTHNOT.— Pero somos muy pobres.

HESTER.— ¿Quién es pobre cuando es amado? ¡Nadie! Detesto mis riquezas. Son una carga para mí. Déjeme compartirlas con él.

MISTRESS ARBUTHNOT.— Pero el deshonor con el que cargamos... Nuestro lugar está entre los parias. Gerald no tiene apellido. Los pecados de los padres, recaen sobre los hijos. Esa es la ley de Dios.

HESTER.— Yo estaba equivocada cuando dije eso. La única ley de Dios, es el amor.

MISTRESS ARBUTHNOT.— *(Se levanta, y toma de la mano a Hester, se dirige lentamente hacia el sofá en el que Gerald está recostado boca abajo, con la cabeza escondida entre sus manos. Lo toca y él levanta la mirada.)* Gerald, no puedo darte un padre, pero te he traído una esposa.

GERALD.— Mamá, no soy digno de ella ni de ti.

MISTRESS ARBUTHNOT.— Si ella es la que viene a ti, es porque eres digno. Y cuando estés lejos con ella, Gerald..., ¡oh!, te lo ruego, piensa en mí de vez en cuando. No me olvides, Gerald. Y cuando reces, reza por mí. Debemos rezar cuando somos felices, y tú serás feliz, Gerald.

HESTER.— ¡Oh!, No estará pensando usted en separarse de nosotros, ¿verdad?

GERALD.— Mamá, ¿Estás pensando en separarte de nosotros?

MISTRESS ARBUTHNOT.— Podría atraer la vergüenza sobre ustedes…

GERALD.— ¡Mamá!

MISTRESS ARBUTHNOT.— Bueno… Entonces, pensémoslo como un tiempo, nos separaremos por una corta temporada, y después, si así lo quieren, estaré junto a ustedes, siempre.

HESTER.— *(A Mistress Arbuthnot.)* Venga usted con nosotros, vamos al jardín.

MISTRESS ARBUTHNOT.— Después, después… (Hester y Gerald salen al jardín. Mistress Arbuthnot camina hacia la puerta de la izquierda. Se detiene frente al espejo que cuelga sobre la repisa de la chimenea y se mira en él. Por la puerta de la derecha, entra Alicia.)

ALICIA.— Señora. Un caballero pregunta por usted.

MISTRESS ARBUTHNOT.— Dígale que no estoy en casa. A ver… Enséñeme su tarjeta. *(Toma la tarjeta de la bandeja y la mira.)* Dígale que no quiero verlo. *(Entra Lord Illingworth. Mistress Arbuthnot lo ve a través del espejo, se estremece, pero no voltea. Alicia sale de la habitación.)* ¿Qué tiene usted para decirme, George Harford? No puede tener nada que decirme. Es conveniente que salga de esta casa.

LORD ILLINGWORTH.— Rachel, Gerald ya sabe todo acerca de mí, así que quizás podamos llegar a un arreglo que nos convenga a los tres. Puedo asegurarte que encontrará en mí al padre más encantador y generoso que pudieras imaginar.

MISTRESS ARBUTHNOT.— Mi hijo puede regresar aquí en cualquier momento. Anoche lo salvé a usted. No podría salvarlo nuevamente. Mi hijo siente mi deshonra y la padece con violencia, con una violencia terrible. Le ruego que se marche ahora mismo.

LORD ILLINGWORTH.— *(Sentándose.)* Lo de anoche fue un hecho desafortunado. Esa tonta muchacha puritana hizo una escena increíble sólo porque quise besarla. ¿Qué hay de malo en un beso?

MISTRESS ARBUTHNOT.— *(Volviéndose.)* Un beso puede arruinar a una persona de por vida, George Harford. Lo sé, lo sé demasiado bien.

LORD ILLINGWORTH.— No vamos a discutir eso en este momento. Lo único que importa ahora, como ayer y como siempre, es nuestro hijo. Como ya sabes, siento un enorme cariño por él, y por extraño que pueda parecer, lo admiré anoche cuando me enfrentó. Defendió a aquella bonita americana sin dudarlo. Es exactamente el tipo de actitudes que hubiera deseado ver en mi hijo. Más allá de que ningún hijo mío defendería jamás el puritanismo, ni se pondría del lado de los puritanos: eso sería siempre un error. Pero bueno... He aquí mi propuesta.

MISTRESS ARBUTHNOT.— Lord Illingworth, usted no tiene ninguna propuesta para hacerme, porque no hay propuesta suya que me interese.

LORD ILLINGWORTH.— Según nuestras ridículas leyes inglesas, no puedo legitimar a Gerald. Pero puedo heredarle mi fortuna. Illingworth está incluido, claro está, aunque es una aburrida barraca. Pero sí, puede quedarse con Ashby, que es mucho más lindo; Harborough, donde se encuentran los mejores montes de caza del norte de Inglaterra y la casa de Saint James Square. ¿Qué más puede pedir un hombre en este mundo?

MISTRESS ARBUTHNOT.— Nada más, estoy segura.

LORD ILLINGWORTH.— En cuanto al título, un título es en realidad una carga en estos tiempos democráticos. Cuando yo era George Harford, tenía todo lo que deseaba. Ahora sólo tengo todo lo que los demás desean, lo cual no es muy agradable. Pues bien… esa es la propuesta que vengo a hacerte.

MISTRESS ARBUTHNOT.— Ya le he dicho que no me interesa ninguna propuesta que venga de usted, y le ruego, nuevamente, que se vaya.

LORD ILLINGWORTH.— El muchacho pasará seis meses al año contigo, y los otros seis conmigo. Esto me parece que es lo justo. Tú tendrás una pensión y vivirás donde quieras. En cuanto a tu pasado, nadie sabe nada de eso. Los únicos que sabemos somos yo, y Gerald. La puritana lo conoce, es verdad, esa puritana de blanca muselina; pero ella no importa. No podrá contar la historia sin explicar que se negó a ser besada, ¿verdad? Y si lo cuenta, todas las mujeres la considerarán una tonta y los hombres una aburrida. Y no tienes que temer que Gerald no herede mi fortuna. Creo que no necesito decirte que no tengo la menor intención de casarme con nadie.

MISTRESS ARBUTHNOT.— Llega usted demasiado tarde, George Harford. Mi hijo no lo necesita. Así que puede usted marcharse.

LORD ILLINGWORTH.— ¿Qué quieres decir, Rachel?

MISTRESS ARBUTHNOT.— Que usted no es necesario para el futuro de Gerald. No necesita nada de usted.

LORD ILLINGWORTH.— No termino de comprenderte.

MISTRESS ARBUTHNOT.— Mire hacia el jardín. *(Lord Illingworth se levanta y se asoma por el ventanal.)* Será mejor que espíe cuidadosamente, e intente que no lo vean, usted no es bien recordado. *(Lord Illingworth mira hacia afuera y se estremece.)* Ella lo ama. Ambos se aman. No tenemos nada que temer de usted y vamos a marcharnos de aquí.

LORD ILLINGWORTH.— ¿Hacia dónde?

MISTRESS ARBUTHNOT.— No se lo diremos, y si nos encuentra haremos como si no lo conociésemos. Parece usted sorprendido, George Harford. ¿Qué esperaba usted de la joven cuyos labios intentó manchar a la fuerza, del muchacho a quien condenó a una vida de vergüenzas y de la madre cuya deshonra proviene de usted?

LORD ILLINGWORTH.— Eres dura, Rachel.

MISTRESS ARBUTHNOT.— En algún tiempo fui demasiado débil George. Por suerte, he cambiado.

LORD ILLINGWORTH.— Yo era muy joven en aquella época. Los hombres, conocemos la vida demasiado pronto.

MISTRESS ARBUTHNOT.— Y las mujeres, la conocemos demasiado tarde. Esta es la gran diferencia entre hombres y mujeres.

(Una pausa.)

LORD ILLINGWORTH.— Rachel, quiero a mi hijo. Mi dinero ya no puede servirle de nada. Puede que yo tampoco le sirva, pero quiero a mi hijo. Volvamos a unirnos, Rachel. Podemos hacerlo si quieres. *(Ve la carta sobre la mesa.)*

MISTRESS ARBUTHNOT.— No hay lugar para un hombre como usted en la vida de mi hijo. No hay nada de usted que le interese.

LORD ILLINGWORTH.— ¿Entonces por qué me escribe?

MISTRESS ARBUTHNOT.— ¿Qué quieres decir?

LORD ILLINGWORTH.— Esta carta… *(Toma la carta.)*

MISTRESS ARBUTHNOT.—…esa carta… No es nada. Dámela.

LORD ILLINGWORTH.— Está dirigida a mí.

MISTRESS ARBUTHNOT.— No irás a abrirla, George. Te prohíbo que la abras.

LORD ILLINGWORTH.— Y la letra es de Gerald.

MISTRESS ARBUTHNOT.— Esa carta no hubiera sido enviada. Es una carta que escribió esta mañana, antes de hablar conmigo. Pero ahora está arrepentido de haberla escrito, muy arrepentido. No debes abrirla. Dámela.

LORD ILLINGWORTH.— ¡Me pertenece! (Abre la carta y se sienta a leerla pausadamente. Mistress Arbuthnot lo observa atentamente durante todo ese tiempo.) ¿Leíste esta carta, Rachel?

MISTRESS ARBUTHNOT.— No.

LORD ILLINGWORTH.— ¿Sabes lo que dice?

MISTRESS ARBUTHNOT.— ¡Sí!

LORD ILLINGWORTH.— No creo que el muchacho tenga ni un poco de razón en lo que dice.

No creo que sea mi deber casarme contigo. Creo que está muy equivocado. Pero para recuperar a mi hijo, estoy dispuesto a hacerlo. Rachel, cásate conmigo, te prometo que voy a tratarte siempre con la consideración y el respeto que merece mi esposa. Me casaré contigo en cuanto quieras. Te doy mi palabra de honor.

MISTRESS ARBUTHNOT.— Ya he escuchado esa promesa en otro tiempo, y no fue cumplida.

LORD ILLINGWORTH.— Ahora la cumpliré, te lo prometo Rachel. Y con eso te demostraré cuánto amo a mi hijo, que lo amo tanto como tú. Porque casarme contigo, Rachel, implica renunciar a ciertas ambiciones, ambiciones demasiado elevadas, si es que alguna ambición es elevada.

MISTRESS ARBUTHNOT.— Me niego a casarme con usted, Lord Illingworth.

LORD ILLINGWORTH.— ¿En serio?

MISTRESS ARBUTHNOT.— Sí.

LORD ILLINGWORTH.— ¿Por qué? Dime tus razones. Me interesa mucho escucharlas.

MISTRESS ARBUTHNOT.— Ya le he dado mis razones a mi hijo.

LORD ILLINGWORTH.— Imagino que deben ser razones profundamente sentimentales ¿verdad? Las mujeres viven todo a través de sus emociones. Sus emociones son medio y fin para la vida. No tienen ninguna filosofía de vida.

MISTRESS ARBUTHNOT.— Tiene usted razón, Lord Illingworth. Las mujeres vivimos por y para nuestras emociones. Por y para nuestras pasiones, si usted prefiere. Y yo, querido Lord Illingworth, tengo dos pasiones: el amor hacia mi hijo, y el odio hacia usted. No puede usted matar estas pasiones. Se alimentan la una de la otra.

LORD ILLINGWORTH.— ¿Qué clase de amor es ése que necesita tener al odio como hermano?

MISTRESS ARBUTHNOT.— Es la clase de amor que siento por Gerald. ¿Usted cree que eso es malo? Sí, puede que sea malo, quizás sea terrible. Pero todo amor es terrible. Todo amor es una tragedia. En otros tiempos, yo me enamoré de usted, Lord Illingworth. ¡Oh, qué tragedia tan terrible es para una mujer enamorarse de usted!

LORD ILLINGWORTH.— Entonces… ¿Te niegas a casarte conmigo?

MISTRESS ARBUTHNOT.— Sí.

LORD ILLINGWORTH.— ¿Porque me odias?

MISTRESS ARBUTHNOT.— Sí.

LORD ILLINGWORTH.— Y mi hijo… ¿me odia tanto como tú?

MISTRESS ARBUTHNOT.— No, no creo.

LORD ILLINGWORTH.— Me alegra escuchar eso, Rachel.

MISTRESS ARBUTHNOT.— Él sencillamente te desprecia.

LORD ILLINGWORTH.— ¡Qué lástima! Qué lástima para él, quiero, decir. No sabe de lo que se pierde.

MISTRESS ARBUTHNOT.— Vamos, no te engañes, George. Los hijos empiezan por amar a sus padres. Después los juzgan. Rara vez, si es que eso ocurre, los perdonan.

LORD ILLINGWORTH.— *(Relee la carta muy despacio.)* ¿Puedo preguntarte con qué argumentos has podido convencer a un muchacho que escribió una carta como esta, tan hermosa y apasionada? Como lo convenciste de que no debías casarte con su padre, el padre de tu propio hijo.

MISTRESS ARBUTHNOT.— Yo no usé ningún argumento, porque no fui yo quien lo hizo cambiar de opinión. Ha sido otra persona.

LORD ILLINGWORTH.— ¿Quién? ¿Quién ha sido? ¿Qué persona tan fin de siecle ha sido?

MISTRESS ARBUTHNOT.— La puritana, Lord Illingworth. Fue la puritana. *(Se hace una pausa.)*

LORD ILLINGWORTH.— (*Contrayendo las arrugas de su rostro, se levanta lentamente y va hacia la mesa donde había dejado su sombrero y sus guantes. Mistress Arbuthnot permanece de pie junto a la mesa. Él toma uno de los guantes y comienza a ponérselo.)* Entonces… no tengo nada que hacer aquí, ¿verdad, Rachel?

MISTRESS ARBUTHNOT.— No tienes nada que hacer aquí...

LORD ILLINGWORTH.— Pues, entonces… es el adiós…

MISTRESS ARBUTHNOT.— Y espero que, esta vez, sea para siempre, Lord Illingworth.

LORD ILLINGWORTH.— ¡Qué curioso! En este momento tienes la misma mirada que tenías hace veinte años, la noche que me abandonaste. Tienes la misma expresión en la boca. Te lo juro, Rachel, ninguna mujer me ha amado nunca como tú lo has hecho. Te entregaste a mí como una flor, para que yo hiciera contigo lo que quisiera. Eras el juguete más lindo que tenía, fue el noviazgo más... *(Saca el reloj, y lo mira.)* ¡Las dos menos cuarto! Tengo que volver a Hunstanton. Supongo que no volveré a verte nunca más. Me da mucha pena, en serio. Es una linda experiencia, encontrarse cada tanto con gente de nuestra misma clase y ser tratado seriamente por sus señoras y sus...

(Mistress Arbuthnot toma rápidamente uno de los guantes que había sobre la mesa y abofetea con él a Lord Illingworth. Este se estremece y le reclama lo insultante del castigo. Luego se reprime, y dirigiéndose hacia el ventanal de vidrio, contempla a su hijo, da un suspiro y sale de la habitación.)

MISTRESS ARBUTHNOT.— *(Se desploma entre llantos sobre el sofá.)* ¡Tenía que decirlo!, ¡el desgraciado tenía que decirlo!

(Hester y Gerald entran desde jardín.)

GERALD.— Bueno, mamá. Viendo que no has venido a acompañarnos, vinimos a buscarte. ¿Mamá? ¿Has estado llorando? *(Se arrodilla a los pies de ella.)*

MISTRESS ARBUTHNOT.— ¡Hijo mío! ¡Hijo!... ¡Hijo mío! *(Le acaricia fuertemente el pelo con su mano.)*

HESTER.— *(Acercándose.)* ¡Señora! Usted ahora tiene dos hijos... ¿Me quiere como su hija?

MISTRESS ARBUTHNOT.— *(Alzando los ojos.)* ¿Usted me elegiría como madre?

HESTER.— La elegiría entre todas las mujeres que he conocido.

(Se dirigen hacia la puerta de cristales que da al jardín, abrazándose los tres por la cintura. Gerald

va hacia la puerta de la izquierda para tomar su sombrero. En el suelo, ve el guante de Lord Illingworth y lo recoge.)

GERALD.— ¡Mamá!, Encontré este guante tirado… ¿De quién es? ¿Has tenido una visita? ¿Quién era?

MISTRESS ARBUTHNOT.— *(Volviéndose.)* ¡Oh! No era nadie, Gerald. Nadie en particular. Un hombre sin importancia.

Índice

•FONTANA•

1. **LA DIVINA COMEDIA,** Dante
2. **EL ARTE DE LA GUERRA,** Sun Tzu
3. **LA ILÍADA,** Homero
4. **LA ODISEA,** Homero
5. **LA ENEIDA,** Virgilio
6. **EL RETRATO DE DORIAN GRAY,** Oscar Wilde
7. **LA METAMORFOSIS,** Franz Kafka
8. **FRANKENSTEIN,** Mary Shelley
9. **NECRONOMICÓN, LOS MEJORES RELATOS,** H. P. Lovecraft
10. **ALICIA EN EL PAÍS DE LAS MARAVILLAS,** L. Carroll
11. **A TRAVÉS DEL ESPEJO,** Lewis Carroll
12. **LA VUELTA AL MUNDO EN OCHENTA DÍAS,** J. Verne
13. **DRÁCULA,** Bram Stoker
14. **CUENTOS DE LA SELVA,** Horacio Quiroga
15. **EL FANTASMA DE LA ÓPERA,** Gaston Leroux
16. **LA BELLA Y LA BESTIA,** Velleneuve y Beaumont
17. **DE LA TIERRA A LA LUNA,** Julio Verne
18. **EL PROCESO,** Frank Kafka
19. **CUENTOS DE AMOR DE LOCURA Y DE MUERTE,** H. Quiroga
20. **ROMEO Y JULIETA,** William Shakespeare
21. **ASÍ HABLABA ZARATUSTRA,** Friedrich Nietzsche
22. **MANIFIESTO COMUNISTA,** K. Marx y F. Engels
23. **EL PRÍNCIPE,** Nicolás Maquiavelo
24. **EL KYBALIÓN,** Tres Iniciados
25. **MÁS ALLÁ DEL BIEN Y DEL MAL,** Friedrich Nietzsche
26. **EL ANTICRISTO,** Friedrich Nietzsche
27. **APOLOGÍA DE SÓCRATES,** Platón
28. **DIÁLOGOS,** Platón
29. **METAFÍSICA,** Aristóteles
30. **RETÓRICA,** Aristóteles
31. **ÉTICA A NICÓMACO,** Aristóteles
32. **ELOGIO DE LA LOCURA,** Erasmo de Rotterdam
33. **AURORA,** Friedrich Nietzsche
34. **AZUL...,** Rubén Darío
35. **SELECCIÓN POÉTICA,** Federico García Lorca
36. **SENTIDO Y SENSIBILIDAD,** Jane Austen
37. **EL FANTASMA DE CANTERVILLE Y OTROS RELATOS,** O. Wilde
38. **EL PRÍNCIPE FELIZ Y OTROS CUENTOS,** Oscar Wilde
39. **CORAZÓN: DIARIO DE UN NIÑO,** Edmondo de Amicis
40. **ALREDEDOR DE LA LUNA,** Julio Verne

41. **LA MURALLA CHINA,** Franz Kafka
42. **AMÉRICA,** Franz Kafka
43. **EL PERRO DE LOS BASKERVILLE,** Arthur Conan Doyle
44. **EL DOCTOR JEKYLL Y MISTER HYDE,** Robert Louis Stevenson
45. **YERMA · DOÑA ROSITA LA SOLTERA,** Federico García Lorca
46. **SELECCIÓN DE CUENTOS,** Hermanos Grimm
47. **SELECCIÓN DE CUENTOS,** Christian Andersen
48. **EL MARAVILLOSO MAGO DE OZ,** Lyman Frank Baum
49. **EL CREPÚSCULO DE LOS ÍDOLOS,** Friedrich Nietzsche
50. **LA REPÚBLICA,** Platón
51. **EL CUERVO Y OTROS POEMAS,** Edgar Allan Poe
52. **LA MÁSCARA DE LA MUERTE ROJA Y OTROS RELATOS,** E. A. Poe
53. **EL CONTRATO SOCIAL,** Rousseau
54. **TRES ENSAYOS SOBRE LA TEORÍA SEXUAL,** Sigmund Freud
55. **PRINCIPIOS ELEMENTALES DE LA FILOSOFÍA,** Georges Politzer
56. **POPOL VUH & CHILAM BALAM**
57. **CANCIÓN DE NAVIDAD,** Charles Dickens
58. **EL INVITADO DE DRÁCULA Y OTRAS HISTORIAS DE TERROR,** Bram Stoker
59. **SALOMÉ & UNA MUJER SIN IMPORTANCIA,** Oscar Wilde
60. **INVESTIGACIÓN SOBRE LA NATURALEZA Y CAUSAS DE LA RIQUEZA DE LAS NACIONES,** Adam Smith
61. **EL ESCARABAJO DE ORO Y OTROS RELATOS,** Edgar Allan Poe
62. **HOJAS DE HIERBA,** Walt Whitman
63. **TAO TE KING,** Lao Tse
64. **MARTÍN FIERRO,** José Hernández
65. **MARÍA,** Jorge Isaacs
66. **EL ARTE DE AMAR · EL REMEDIO DEL AMOR,** Ovidio
67. **EL PROFETA · EL JARDÍN DEL PROFETA,** Khalil Gibrán
68. **DESOBEDIENCIA CIVIL Y OTROS TEXTOS,** Henry David Thoreau
69. **EL VALLE DEL TERROR,** Arthur Conan Doyle
70. **LA TEOGONÍA,** Hesíodo
71. **LA CASA DE BERNARDA ALBA · LA ZAPATERA PRODIGIOSA,** Federico García Lorca
72. **LAS FLORES DEL MAL,** Charles Baudelaire
73. **EL TERROR EN LA LITERATURA,** H. P. Lovecraft
74. **EL MUNDO COMO YO LO VEO,** Albert Einstein
75. **LOS MITOS DE CTHULHU,** H. P. Lovecraft
76. **UTOPÍA,** Tomás Moro
77. **EL GATO NEGRO Y OTROS RELATOS,** Edgar Allan Poe
78. **EN LAS MONTAÑAS DE LA LOCURA,** H. P. Lovecraft
79. **CUMBRES BORRASCOSAS,** Emily Brontë